本书得到山东师范大学教　　　　　　　　　　　　　　科子科经费资助

从备忘录到博士帽

——一位北大教育学博士的经验重构

王红艳　著

重庆大学出版社

图书在版编目（CIP）数据

从备忘录到博士帽：一位北大教育学博士的经验重
构/王红艳著.—重庆：重庆大学出版社，2021.1
ISBN 978-7-5689- 2492-4

Ⅰ.①从… Ⅱ.①王… Ⅲ.①博士—研究生教育—经
验—中国 Ⅳ.①G643

中国版本图书馆CIP数据核字（2020）第229764号

从备忘录到博士帽——一位北大教育学博士的经验重构
王红艳 著

策划编辑：林佳木
责任编辑：林佳木
责任校对：谢 芳
责任印制：张 策
版式设计：张 晗

重庆大学出版社出版发行
出版人：饶帮华
社址：（401331）重庆市沙坪坝区大学城西路21号
网址：http://www.cqup.com.cn
印刷：重庆华林天美印务有限公司

开本：940mm×1360mm 1/32 印张：7.625 字数：222千
2021年1月第1版 2021年1月第1次印刷
ISBN 978-7-5689-2492-4 定价：45.00 元

序：衔泥垒窝，成人达己

王红艳是我带的第 8 个博士。2006 年，她以专业课笔试第一名的成绩进入面试，然后顺利进入我门下读书，并于 2010 年顺利毕业。记得快毕业时我在给她的一封邮件中写道："毕业典礼时你父母也来吗，我倒想见见他们，问问他们是怎么培养出你这么优秀的女儿的？"后来她的母亲来了北京，但是红艳并没有专门带母亲来见我，据说是因为她觉得母亲不识字，不善言辞、不懂交流，会令她在导师面前感到尴尬……

这一点倒是符合她争强好胜的性格。但是这样的母亲培养出了这么优秀的孩子，还有什么羞于见老师的呢？自她入师门以来，我就让她担任"教师实践性知识"课题研究的协调员，成员分组、联系合作校、组织讨论会议、撰写会议记录和检查报告，到最后的成果出书，这些工作都向我证明了她的能干与自信自强，她也总是以年轻人的冲劲和干劲感染着我，以至于当她告诉我她并不是党员时我特别惊讶：这么积极上进的人竟然不是党员？

王红艳的长处在于她的文笔，毕竟是学中文出身，腹有诗书气自华，她写的东西流畅生动，很吸引人，非常具有可读性。而且她有一颗敏感体贴的心，与同门以及课题组的成员都保持着良好的关系，是非常适合跟着我做质性研究的。她善于发现问题，触类旁通，有时我不经意的一句话，就能启发她的灵感。关键是她的行动力特别强，绝不让灵感稍纵即逝，博士四年她写了数十万字的备忘录和研究日志，发表了十几篇论文，这让她在这一届毕业生中甚至是整个师门中都是佼佼者。

做学问是要一鼓作气的，若松懈下来让偷懒的天性占了上风，重拾学术志业就有些难度了。2013年，我和爱人金老师去济南出差，见到了当时正在养育宝贝女儿的红艳。那时的她好像所有的生活都被孩子填满了，无暇或者无意顾及其他。金老师当时还问了一句："哎，王红艳，你当年的冲劲和不服输的劲头儿去哪儿了？"这让我想起红艳在她博士论文致谢中写的，"我的老公这样自嘲和自我安慰：别人家收获了一个宝贝，我们家收获了一个学位"。她在收获学位之后接着就收获了一个如此可爱的宝贝，家庭生活圆满如意。而今，宝贝上了小学，不再占据她的大部分时间，可以做做事情了。那么，现在是不是该回到学术志业上来了？《从备忘录到博士帽——一位北大教育学博士的经验重构》是个很好的创意，这种半自传半学术参考书的写作，既留存了一位博士的学术思考点滴，又能给在读硕、博士生以及所有志在学术研究的年轻人，以及新晋的硕士生导师们以有益的启发。虽然它不是一本有系统结构的著作，有些地方甚至是日记体般的叙述，但是这种以过来人身份去讲述的体会与经验，会让年轻同侪们看到自己的影子、自己的彷徨、自己的方向。又何尝不是一桩成人达己的益事呢？

是为序。

陈向明

于北京大学教育学院

2020 年 10 月 1 日

2006 年，我有幸考入北京大学，师从陈向明教授攻读教育学原理专业博士学位；2010 年，我带着充实了四年的头脑，满怀感恩，如期毕业；2020 年，离开北大十年后，我终于把酝酿几年又数次按下去的整理读博期间学术随笔的想法付诸实施。岁月不饶人，时不我待，十年是一个坎，再不总结，我就真老了，几十万的文字真的就封存在电脑里了。

当时的随笔有自己的名字：备忘录（memo）。定期写备忘录、上交月总结是恩师赐予的最好的学习礼物，博士四年让我受益无穷。记得快毕业时，我去陈老师家，聊着聊着就很兴奋地提到，我月总结中写的东西很多都直接复制粘贴到毕业论文里了，平时写的这些备忘录太有用了！陈老师当时笑眯眯地对我说："很好啊，可以抽空给他们讲讲你的这些好经验，让他们也跟你学学，怎么让写博士论文轻松些呀！"而这个习惯何止是只对我写毕业论文有用呢？工作后的我，虽不经常但是也有写备忘录的时候，心里有了想法就会赶紧记下来。目前我门下在读或已经毕业的近 30 位研究生，求学期间都被我"勒令"

每月交总结，久而久之他们亦特别感激我让他们养成的写备忘录留想法的习惯。

好记性不如烂笔头，话糙理精，人真的不能对自己的记忆力过分自信。相信每个写过博士论文的同行都有过类似魔障的经历：看什么都与自己的论文有关，想什么都想往论文上扯，连做梦都可能梦见只言片语！某天半夜，我躺在床上不知是梦还是清醒，脑子里闪过一句话，好巧妙好精彩的一个观点！我很兴奋地把它默念几遍，想着清晨起床后把它们输入电脑，就安然入睡了。但当太阳照耀宿舍时，明媚光线带走的不止是我的睡意，精妙绝伦的语句也一并给晒没了！于是捶首顿足、仰天长叹，那种懊恼与后悔我现在还记忆犹新。这次"血泪"的教训促使我在枕头下放了一支笔和一个小本子，有了想法就赶紧摸黑写下来，不管字体多潦草，只要早上起来看到能回忆起来即可，以避免灵光一闪转瞬即逝，这就像做梦买彩票，看到了一串无比神奇的号码一样。彩票不一定次次中奖，但是时刻记录想法的习惯的确在一定程度上帮助我顺利完成了毕业论文。

2006 至 2010 年，我所写的备忘录、跟随导师课题研究而做的笔记与总结、围绕毕业论文的研究日志和田野资料，以及十几篇已发表论文的草稿与写作心得，加起来近百万字。十年后回过头整理和反思这些备忘录，让它们成为《从备忘录到博士帽》这样一本书，相信它无论是对于正在攻读硕士、博士学位的学生，还是如我一样在指导年轻一代攻读学位的人来说都是有借鉴意义的。备忘录是彼时彼地的思考、灵感甚至心情的记录，此时此地我以一名研究生导师的身份去回顾当年博导带我的历程，感动和感慨之余更多了一份抽离的冷静。回顾梳理自己当年如何一点点地为博士论文衔泥垒窝的同时，可以站在一个局外人的角度理性评论和勾勒总结。所以，此书有两条线，明线是真实还原当时的我是如何读书、如何交流、如何写作、如何参与课题研究、如何随着研究深入而成长的；暗线则是现在的我以"过来人＋硕士生导师"的身份回顾思考一个在读学生的求学经历和"模仿当年导师"指导学生的做法。由此来看，可以 follow me 的，除了有意和正在攻读硕士、博士学位的年轻学子，还有在探寻自己指导风格或者对他校博硕士培养感兴趣的导师。

我是多么有幸，能跟随陈老师四年，养成写备忘录的好习惯，直至今日也一直在陈老师的影响和帮助下慢慢往前走。《从备忘录到博士帽》的第一个主题便是"来自导师的力量"，然后是导师带着我做课题研究，写总结和备忘录。陈老师的教诲，北大的学术资源，以及围绕学习与研究形成的朋友圈子，它们都在集腋成裘、积沙成塔，促成了《新手教师在学校实践共同体中的学习》[1]这篇获 2010 年度全国联校教育社科医学研究会优良奖的博士论文。为了让读者清晰看到我对博士论文的思考过程，最初的甚至是不成形的"模糊框架与思路"我也在本书中毫无保留地呈上。当然我也保留了当年随心而就的文字中或多或少流露出的感慨与情绪。我会带着读者走进一位女博士的学术与情感世界，看看她怎么在四十不惑的年纪回首三十而立的自己，重构当年的博士备忘录，也是她人生最重要阶段的备忘录，以此纪念和勉励当年那个争强好胜的自己和今天这个变得有些懈怠但仍憧憬进步的自己。

1　我的博士论文《新手教师在学校实践共同体中的学习》已由重庆大学出版社出版。

目　录

第一章

来自导师的力量

▼

在博士论文的致谢中，我这样写道：

陈老师是我们"陈家军"中"最好的学生"，她以她认真、严谨、自律的学风影响着陈家军门下的每一个人。每次读书课上，陈老师跟导读者一起拿出的读书笔记、对几乎无论哪一本书都是信手拈来的旁征博引，让我们这些学生汗颜。陈老师的严格要求，让我积累了几十万字的"双月报告"和"心得随笔"，这些备忘录有些是作为"硬性作业"上交，有些则是点点滴滴的灵感火花，在写论文期间，随手拿来就用的便利，带给我的不止是暂时的"工作效率"，更有对导师在入学之初就"逼"我形成如此好用的习惯的感激。陈老师对学生的包容与呵护让我在陌生的北京感受到了家一般的温暖，她似乎是一眼清澈而又温暖的泉源，让她的学生在需要的时候汲取清泉，等用完了又再取些来——而她永不枯竭，永远那么包容、慈爱地看着她的学生，鼓励着她的学生。其中，就有我。

十年后我再次读到这段文字，不禁泪盈双眼。导师给予的有形无形的方方面面的支持，从读书到做研究，从学术到生活，从物质到情感，伴我走过人生中最重要、最精彩的四年。那是我的高光时刻，也是难以复制的一段时光。

目前我也有8届研究生毕业了，我带学生就是一个努力"follow teacher Chen"的过程：生活上关心，学术上点拨。虽然自认为距离导师的境界还很远，当年陈老师带我们做的——无论是生活上的一起打乒乓球、游泳健身、爬长城、逛公园、泡温泉、进行家庭心理治疗，还是学术引领上的参观北京市重点中小学、支持学术小组、参加国际会议、结交教育大牛等——很多我都没有做到，但是我也一样对学生严格要求，并顺应学生的个性特征因材施教，一样从学生的进步中收获安慰与欣喜。感慨当年的自己是多么幸运的同时，也深刻认识到了那时年少轻狂的我，有那么多考虑不周、不到位、让导师不满意的地方，算是应了"养儿才知父母恩"这句话，只有自己带了学生才真切体会到导师的不易。直到今天，我仍断断续续地与恩师保持着联系，从她那里寻求安慰和汲养；老师一如既往地包容和接纳着我们这些学生，并以终身好学、治学不倦且全方位提升自己的精神在前方引领着我们。小鱼随着时间也慢慢长成了大鱼，有了自己身后的鱼群，形成了自己的学术生态脉络——而滋养我们的那股清泉依然清澈灵动、鲜活澎湃。

一、"面圣"

"面圣"这个词是同门对面见导师的私下搞怪说法，不管研究做得怎么样、东西写得如何，面见导师总是战战兢兢、如履薄冰。陈老师自己感觉很委屈："我有那么可怕吗？"其实不是，陈老师，您本身一点儿不可怕，害怕是因为我们自己，担心我们自己太差、写的东西太惨不忍睹，不敢拿出来与您面对面讨论呀……

2006年11月25日，入学后第三个月，我带着粗浅的研究方向去"面圣"。陈老师宽慰我不要焦虑，慢慢来，先从适应北京生活开始，这让我一下子有了归属感，好似卸下了一个重担。但是带着志忑审视论文的进展，我的脑中还是混沌一片，挺悲观地发现每个人都有自己的"一块地"，最起码别人在谈起时，能有个观点或符号牵带着，如师兄与现象学、启旸与拓展教育、志明与社会学，甚至觉舫与佛教，他们都找到了自己的兴趣点和切入点，我该如何给自己定位？必须要埋下头真正做一件事，正如陈老师所说，以后很难或根本不可能再有类似机会真正静下心来心无旁骛、全身心投入地做学问了。人生能有几个四年？有什么理由不努力呢？

再结合月总结中导师给我的反馈："你明确研究方向了吗？你准备要写的（毕业）论文构想和计划是什么？"是啊，这是最重要的。凡事预则立，不预则废。我是来做什么的，一个博士生总要有自己的研究方向和定位啊！记得来北大前我给自己确立了一个大致方向：研究新手教师，追踪他们从（师范）学校毕业前一年到工作后一至三年的经历，以此为基础对新教师的培养提出自己的看法和建议。但这只是一个模糊印象，尽管我是有兴趣的。跟着导师做"教师的实践性知识研究"课题，是个很好的机缘，可以把课题研究过程作为为毕业论文做准备的过程。但是随着课题进行，我愈来愈发现，对于实践性知识而言，研究对象最好是优秀教师、具备丰富实践智慧的教师。导师也提到：把工作至少五年以上的教师作为研究对象是否更好？所以，还是那个问题：新手教师身上是否有实践性知识？它表现为什么？也许以他们为研究对象，致力于发现他们所欠缺的这部分正是"众里寻他千百度"的实践性知识？可是归根结底，新手教师看来只能作为跳板，作为参照物存在，最终目的是挖掘出优秀教师身上的经验宝库、实践智慧积淀。那我的兴趣点该如何继续？我的所谓研究方向该如何定位？想想明年一月就要正式定下培养计划中最关键的一部分：论文写作计划。我不禁陷入焦虑郁闷中。

二、导师来宿舍指点迷津

按照北大博士毕业要求，中期考核即资格考试要交四篇论文（围绕研究问题的文献综述、理论基础探讨、所用方法论，以及相关的一篇论文）并选择前三篇进行答辩。我2008年头半年就一直在忙这个事情。

5月9日下午，陈老师和她爱人金老师经过我宿舍，专门过来给我指点了迷津，对我的方法论资格论文进行讨论，因为我之前给她发邮件，说我的《如何判断我的判断为真》写不下去了，遇到瓶颈了。隔壁舍友惊讶不已："你们导师竟然专门来你宿舍指导你的论文？你导师怎么这么好？简直是太幸福了！"我心里洋溢着自豪与幸福，而且有种得意或者沾沾自喜：看我的导师多好！因为据我所知，不少博士，尤其是文科博士，跟导师一个月也见不了几面，更别说深聊了。而我们同门，经常有机会去导师家里做RC（Re-evaluation Counseling，再评价咨询）、吃饭、一起去游园、爬山、健身，陈老师跟我们一起既做学术又做课题，也探讨人生、享受生活——这是多么惬意而又丰富多彩的读书经历啊！

跟陈老师聊了大概四十分钟，金老师就坐在旁边看着我们，笑眯眯地听着。感觉好神奇，聊着聊着我的思路竟然就畅通了，虽然还是恐惧着不知如何下手，但起码不像原来那样对自己的哪个思路都混沌不清、游移不定，有了一个努力的方向，而且原来走不下去的两个思路——质的研究效度和解释学方面——也不是被废弃不用了，陈老师建议可以把它们有机地糅合进日后的论文中。这一点让我很受用，因为辛苦写出来的东西，如果被拿掉会很心疼。聊完方法论论文，陈老师又建议我在下周读书课上抽出时间汇报我的理论框架部分，让大家都提提意见帮我渡过综合考试这一关。亲爱的陈老师，太爱您了！

[**附：我给陈老师求助的邮件摘录**

　　关于方法论的资格论文，我仿佛走到了一个迷宫，或者死胡同里，走不下去了。怎么入手、写什么、结构布局如何，都没有头绪，乱乱的。原来是想从质的研究的效度入手，围绕质的研究方法来写；后又改从解释学／真理／视域融合／主体间理解等这一系列入手，下载了一大堆有关文章，疑惑和乱如麻的感觉却更加严重，等见了面再和您详细说吧。另，又刚看了教育研究的批判民俗志，感觉里面提到的"真理的宣称最终必须奠基在彼此的共识之上"，好像又给我一条路的启发……我好像一只瞎猫，撞到这里再到那里，实在找不到出路，所以，必须"面圣"，请陈老师点拨我一下吧，我把原来写的两种思路呈上，尽管很不成熟、很杂乱，但是要面谈就应该让陈老师了解我之前想的一点东西，才有对话的可能。
　　　　　　　　　　　　　　　　　　　　　　　　　　　　　　　　　　]

三、飞来飞去的论文初稿

　　这篇备忘录写于 2009 年 10 月 26 日，导师带着我们两个博士生赴澳门参加教育国际会议。会议期间，她做了关于教育叙事研究的专题报告，反响热烈；我们两个学生也在分会场做了主题汇报，收获很多。但印象更深刻的是旅途上的点滴。

　　为了提高汇报的效率，更为了珍惜面授修改的好机会，我打印出了导师反馈修改数次的论文初稿，厚厚一摞，在机场一见面就把它给了陈老师，只顾自己省事，全然不顾陈老师旅途中拿着会不会很辛苦……忐忑不安的等待中，登机前陈老师给我反馈了一部分，飞机上她又继续阅读修改，下了飞机在澳门的几天见缝插针、断断续续给我反馈完，回北京的飞机上拿回初稿的我已然知晓路该往哪儿走。

　　个别章节改动特别大，甚至需要忍痛砍掉那些自以为美好的文字，包括整个第四章和辛苦写出的一个研究对象的整个故事！第四章是我自认为特别良好的一个章节，费劲心思起的几个小标题如下：

第二节　经验，经验，经验！

第三节　澄清问题：难点

第四节　处理关系：挑战

第五节　启导和启导的传承

　　我还在沾沾自喜，结果陈老师说，这个章节很突兀，与前后关联不大，不如打散后有机融合到该去的地方；第八章李娜的故事，虽然内容挺有趣："我真的很拼：初学者的姿态；一层层地扒皮：初学者的机会；

心理咨询室的收获：教育方式的变化和自我提醒"，但是前面已经有三章三个年轻人的故事了，内容太多，相似性也大，不如去掉，个别好的论点随机放到后面对研究主题的提炼之中（具体如何修改详见第四章的"忍痛修改论文初稿"）。听完导师的建议，好不容易码好的文字，一下子砍掉那么多，初稿一下子薄了不少，太心疼了……但是仔细琢磨老师的意见，很有道理，什么都想要什么都想抓，可能哪个都写不好。继续努力吧！感谢导师！

四、各抒己见回复导师

2009 年 12 月的这篇备忘录是一个合集，是博士同门（在此做了匿名处理）给陈老师的一封群发邮件做的回复。所以，这篇备忘录是集体智慧的结晶。它们是多面镜，折射出导师与学生之间的相处状态，也折射出导师的自我反思与对适切师生关系的探求，还折射出个性迥异的学生对自我学习生涯的反省并与导师进行平等沟通。导师放下身段问出自己的困惑，学生检视自己并诚恳道出感受，七嘴八舌的交流互动中，帕克笔下的"伟大事物"慢慢浮现出来。

陈老师坦言经常困扰她的问题是：1）为什么我们的支持小组难以坚持下去？2）为什么两月报告总是有同学难以上交？3）为什么有的同学学业进度如此之慢？4）为什么有的同学不能尽快完成发表两篇论文的任务？5）为什么有的同学到快毕业了，或者到期了，才发现自己的学分不够？6）为什么有的同学的论文质量似乎不高？7）为什么有的同学好像变化不大？8）为什么原则上同学们可以随时找我谈话，但找我的却不如我所期待的多？9）我们这个博士点的定位到底是什么？"反思的实践教育学"到底是什么意思？为什么我们好像总是难以深入探讨这个问题？10）我们的学术特点到底是什么？我们如何形成自己的特色，保持、发展和传承下去？

其实，对所有导师和科研团队来说，这些都是值得拿出来讨论的问题，只是很多导师站在高处，按照自己的经验和习惯与学生相处，认识不到或者不想考虑还有什么要改进的地方。十年后再看陈老师的这封邮件，无他，就用里面的最后一句话"我们可以如何做得更好"勉励在做导师的自己吧！

（一）L师兄拍砖

先由昨天的中毒事件说起，吃了些香菇饺子，结果2个小时之后头晕目眩、恶心乏力、呕吐，但是一起吃的朋友却丝毫无事，说明吃饺子的后果与个人的体质有关。由此可以理解为什么支持小组、读书、进度、两篇文章、两月报告……有人完不成了，个人机理不同而已——有的人是在职读书（工作家庭一个都不能少）、有的人是大龄青年（生活生存问题一个都不能少）、有的人专业背景不是教育（进圈子还得一段时间）、有的人还有其他的想法（出国、工作……）。如此错综复杂的背景加上入学之初并没有想清楚或者被清晰告知四年历程如何度过，由此耽误、迟误、延误肯定不可避免。

如此不同的进度和不同的背景势必会带来不同的时间段和不同的心境，每周一次的读书报告已经占据了各位的共同时间，所以再让大家挤出时间相互支持怕是众口难调了。

由此，我认为：

陈老师提出的前8大问题都与我们的博士学习制度有关，在国外怕是有十年才读完博士的学生吧。在有限的四年时间里让背景不同、心境（生存、生活）复杂的学生全部拿出高质量的论文，难度确实大了点。

因此我们需要做的就是承认这个现实——生源如此、制度如此，那么我们能做的是什么？

（1）入学指导工作要明晰——制订个人的发展规划，明确什么时候做什么事，如修学分、发论文。鉴于目前陈门人丁兴旺，建议每1~2级指定一位同学担任秘书，负责通报、催告工作。

（2）修改读书进程——罗马不是一天建成的，专业发展的书也不是每周一本就可以垫厚基础的，有时候还要给出思考、反刍的时间。我自己的感受是每周都在赶读一本书，根本没有吃透的时间。

建议精选读书书目，经过这几年的积累，那些对我们这个方向发展有帮助的经典书籍不仅可以细细研读，还可以重复读。可以单周读一本书，双周大家聚在一起研讨汇报论文进展。关于分组支持，有些支持小组进展得好，那全是因为小组内有张罗的人，建议定期、定点、定时、定人、定制度。读书可以制订进度，汇报小组也可以制订进度。

（3）两篇论文迟迟未发，估计一半是担心质量不高，陈老师不满意。可以利用汇报的时间讨论，增加大家的信心——好论文是改出来的，但是也不是一直改下去就好，适当的时候就该扔出去。之前大师们一篇论文就可以奠定江湖地位，现在重质更重量，各位要是写不出惊天地泣鬼神的神文，干脆就认命，差不多就放出去吧。

至于催也催了，骂也骂了的，还是出不了东西，那也没办法，唯有"等待"——有人锋芒毕露，有人大器晚成，写论文也要看心境，没准哪天心境打开，汩汩清泉就会涌涌而出。个人自负即是。

（4）对于谈话一说，我想同学们其实很想见老师，但一来自己准备不充分（记得之前陈老师对我们说，要见您的话自己先想清楚，但其实很多时候因为想不清楚才想去见您……），二来怕影响陈老师休息（陈老师确实够忙的，适当的时候还要再减少活动）。建议同学们有些初级问题（比如选什么课、读什么书、心情糟糕之类的）咨询师兄师姐即可，高级问题（选题、思路等）定期找陈老师谈话（比如设定一个接待日，大家预约时间段）。

（5）对于我们博士点的定位和我们的特色，我想在读的各位同学都比我有发言权，我在此就不啰唆了，我认为反思的实践教育学就是直面教育、改善教育。具体以后有时间再说，权且抛砖引玉到此。

（二）M师姐的反馈

个体和制度之间的协调有两难：首先是个人情况，每个人面临的困难不同；其次是制度问题，没有完美的制度，只有较好的制度。

1. 为什么我们的支持小组难以坚持下去？

反思支持小组的目标及活动细节：

首先，组员不用太有负担，但对同学之间学术交流的有效性应有充分认识，它的功能堪比导师的指导。其次，以学术支持为主，情感支持为辅，莫成抱怨聚会，所以，请以研究的相关性寻找组员，但新入学的成员应均匀分布在各支持小组中，以便传承和新手的学习。第三，各支持小组应根据自己小组的情况组织聚会，确定聚会的频率、讨论的流程……

2. 为什么两月报告总是有同学难以上交？

这是同学们应遵循的义务和纪律，但有时候，事情多了或心情不好确实不想写。如果改改认识，这不是给老师写的，而是为自己这两个月做总结，并勇敢地为自己的行为承担责任，可能完成度会好点。

3. 为什么有的同学学业进度如此之慢？

主要是"个人机理"问题吧。我同意 L 的分析，所以对学生学业进度快慢的问题需要与他 / 她自己的情况相结合来判断。当然，学生也要清楚，你既然读了北大的博士，总还是有一些硬性要求的，得以此为评判的目标。

我对这个问题的意见是，只要学生自己有胆量和精神能承担后果就行，反正学校给的时间是 4~8 年。导师不需要背这个负担，按时提醒就行了。

4. 为什么有的同学不能尽快完成发表两篇论文的任务？

学生可能需要一些写学术文章的技巧，以及如何发表、在哪些杂志上更适合发表的信息，可以让导师和"老生们"每年开学，或者第二个学期开学时就以此主题给众人做次讲座。当然，这也是学生权责自负的。

5. 为什么有的同学到快毕业了，或者到期了，才发现自己的学分不够？

这完全是学生自己的问题，责任自负，导师就不用管了。

6. 为什么有的同学的论文质量似乎不高？

这个问题不好回答，个人能力、个人选择、导师与学生之间的匹配程度都对论文质量有影响，并且与以上 5 个问题也都密切相关。不过论文达到学术八股的基本要求是必须的。

7. 为什么有的同学好像变化不大？

这好像是陈老师身为教育者的"执念"。他 / 她长了三四十年了都这个样子，到北大这点变化算大了！

8. 为什么原则上同学们可以随时找我谈话，但找我的却不如我所期待的多？

无论如何，学生永远是怕老师的。您降降期望值，来一个招呼一个吧。

9. 我们这个博士点的定位到底是什么？"反思的实践教育学"到底是什么意思？为什么我们好像总是难以深入探讨这个问题？

我觉得如果每年都讨论一次这个问题，就会有推进的。每次讨论，也可以邀请系里的一两个老师参加。

此外，陈老师还需要继续努力在教育原理这个点上吸纳其他老师的观点。

（三）H 师姐的看法

我其实一直都在想，我在北大这几年到底学到了什么，有哪些收获，有什么经验和教训可以和老师同学分享或以资借鉴。之前看大家的回复，觉得各位都是陈老师的成功作品，对自己似乎是个不太成功的案例有些惭愧，因为困扰陈老师的那一长串问题我大部分都有。所以，我就多谈谈教训和建议吧。

1. 为什么我们的支持小组难以坚持下去？

有明确任务或内容的情况下更容易坚持下去，比如论文交流的需要。

坚持不下去的原因有二。一是作为被支持者，缺乏有问题马上解决的紧迫感，导致论文进展缓慢，没有新问题和新想法不断产生，也就没有交流的热情。二是作为支持者，时间、精力有限，如果外部不推一把，就很容易放弃这一资源和机会。

另，对于进入论文阶段的同学，是否可以用支持小组代替读书课？

2. 为什么两月报告总是有同学难以上交？

状态不好时，担心一动笔情绪和时间都收不住，所以不想写。状态好时，又觉得应该用这块时间去看书、写论文。也有时是因为没读什么书，论文也没什么新进展，不好意思写。

我个人的体会是，入学头两年写总结确实有必要。进入开题和论文写作阶段之后，可能就不用那么像交作业似地汇报了，和导师见面时直接说说就可以了。

3. 为什么有的同学学业进度如此之慢？

这对我来说是个太需要反省的话题，所以，我迟迟难以回复。

我在入学之初就害怕掉队，暗暗想一定要更努力，要珍惜这么好的导师、这么优越的学习氛围和学习环境，所以最初一两年真是很拼命地在追赶大家。但近半年，我真的有那种精疲力尽的感觉。时间拖得太久，紧迫感渐渐被销蚀了，体力也跟不上了，效率也不行了。前几天情绪很低落，小崩溃了一番，我悲哀地想，完了，我真有可能赶不上这趟车了。

学业进度慢，肯定是我的个人原因。除了"个人机理"问题，主要是缺乏计划性和个人能动性。博士学业和家庭、工作、健康等一样，是人生这个大工程不可或缺的一部分。如果我从入学伊始就意识到它们同等重要，合理地分配时间、精力，积极调整心态，推进整个系统良性循环，对自己的学业有清楚具体的计划，学业效率也许会比现在高，其他方面也不会有什么遗憾。这一点 L 就做得很好，她的整个系统是良性循环的。

就制度和培养方式而言，从我现在的学业效果来看，只能说我适应得一般。读书课是我们这个团队最重要的学术平台和学术活动，其重要性不必多说。所以，有必要设置得更合理。我很赞同 L 的建议：修改进程、精选书目。

前两三年的读书课我收获很大，眼界不断开阔，慢慢找到了自己感兴趣的方向和流派（我至今记得读波兰尼、Hargreaves、Lortie 等人的书时的那种喜悦）。虽然读得并不轻松，但苦中有乐。尽管底子薄，不时消化不良，但勉强还跟得上进度，愿意读书。整个人是一种攀登的状态，但基础肯定是没有夯实。之后就开始了一系列的闯关：综合考试、开题、发文章，需要输出的时候到了。我渐渐跟不上读书课的进度，招架不过来这诸多的任务，压力和焦虑也渐增。再后来，论文、发表、工作、孩子、健康，哪一个都不能再往后放了，于是只好又一项项地回去捡。与读书课其实已经渐行渐远了。

从我作为在职博士的经历来看，博士学业的前期应把主要精力放在读书和研究方法的学习上，可以在精读本学科精选书目的基础上适当泛读，找到自己的理论兴趣点和研究偏好，夯实基础，读书课应该主要针对这个目的。在博士生完成了综合考试后，其读书和学术活动则应以论文需要为前提。每人应有自己的"小书架"，主要精力去经营自己的自留地（博士论文），支持小组隔周讨论、交流，与导师可以每月见一次，大家互相鼓励、监督彼此的进度。另外，博士生应积极参加一些学术会议，有精力的话也应参加一个课题。对于导师的指导，初期可以是集体学习，中期着重个别指导（主要是论文写作），后期检查验收，有点分层教学的味道。而类似节日聚会、答辩聚餐、RC 等活动则可以贯穿始终，既是增强团队凝聚力和交流、传承师门风格的重要途径，也是大家缓解压力、获得情感支持的绝佳机会。

4. 为什么有的同学不能尽快完成发表两篇论文的任务？

主要原因是个人能动性，陈老师在这方面提供了足够的信息便利和支持。我以前盲目排斥为发表所需做的各种努力，包括不同期刊采用不同的参考文献格式也让我觉得很恼火，就是不想去做。已发表的几篇文章都是搭了顺风车，比如陈老师组稿、学校同事组稿，都是被动的等待。近来专为发表修改自己手头压着的 5 篇稿子，经历了焦虑、愤怒、烦躁、拖延，心情渐渐平复下来。随着稿子逐渐梳理得规范，自己也慢慢有了些成就感。虽然刚投出去一两篇，结果如何更是不知，但总算接受这件事情了，既然想在学术这个圈子里生存，就要忍受、接受、适应这个圈子的条条框框或游戏规则。再好的产品没有销售环节也无法为人所知，以后，我在发表方面会积极主动些。发表也是研究者的使命，否则研究如何被不断超越，如何进步？

5. 为什么有的同学到快毕业了，或者到期了，才发现自己的学分不够？

每年开学、期末，大家可以互相提醒下。班长也可以发封邮件提醒。

6. 为什么有的同学的论文质量似乎不高？

勤写，模仿好"范文"，多改。多请人拍砖，导师多挑刺。

（四）W 师姐的建议

很同意 L 和 M 的反馈，"个人机理不同"换一种通俗的说法可能就是"十个指头还不一般齐呢"！因为"不齐"，所以就"不齐"了。

关于支持小组：

我觉得除了要有人负责召集，还需要大家有奉献精神。如果觉得讨论别人的问题就是耽误了自己的时间，那肯定不容易组织。其实帮别人也就是帮自己，即使自己关注的问题与别人不太相同，但是别人的研究方法，思考问题的角度、方法等都可以借鉴。

另外从我经历的支持小组的经验来说，有一段时间可能大家都在写文章，或者都没有比较成熟的想法，这时候可以适当地把活动时间延长，也不必非要固定两周或者10天活动一次，可以等有点成果再活动。但是原则就是不能不活动，越不活动，就越组织不起来了。

第三，学术性的讨论最好在学校，如果在家里，往往就会因为太舒服而……

关于月报告：

以前是一个月交一次？我反正交的次数很少，惭愧、惭愧！关键是基本上不知写些什么好。一周一本书，我基本跟不上，就不可能再读新的东西。即使读了几篇文章，要总结出来，再写些自己的体会、评论之类的就觉得不容易，事情一多也就不愿意动笔了。至于研究进展之类的，有时确实进展不大，也没有什么可写的。所以，往往就干脆厚着脸皮不写了。老实说，以前我们尝试过在读书课口头汇报自己最近的情况，我觉得这个压力小些，值得延用。

关于学业进展：

这个确实因人而异，导师不必多虑与有负担。我们系现在有学生想提前毕业，前两天大家还在讨论是不是需要设置些条条框框，不能随便就让他们提前毕业了。延期毕业可以多些人帮导师做课题，或许有同学还就喜欢学校的氛围而不愿意很快毕业呢！我觉得导师最重要的是把握质量的标准。德国的导师才不管你几年毕业，但是要毕业你必须符合他的学术要求。我在柏林的时候就听说有一位留学生已经是第9年申请博士论文答辩了，还不一定过得去导师的关。

关于论文发表：

在教育类核心期刊发论文我觉得确实不太容易，投稿往往石沉大海，周期也至少半年以上，所以确实需要催促大家尽快投稿。我们以前也讨论过是不是可以挂上陈老师的名字，这样或许会容易些。不过这可能逼大家要把文章写得好些，否则陈老师这关也难过！

关于博士点的定位和学术特点，确实需要每年讨论，不仅是再思考，对新同学来说也有一个传递的作用。

（五）L师姐的回答

不得了，迟了一步，大家已经讨论到这儿了。我觉得已经说得很全面了，也深有同感，尤其是陈老师把"人"的问题放在"学位"的问题之前（我是这么理解的），我觉得做博士论文的确不同于硕士论文，这是一个人生命中的一个漫长而脱胎换骨的过程，既然是生命问题，肯定要把人放在学问之前。我觉得陈老师对我们的关注就是先是生命中的一个有缘人，然后才是学生，这能让我们先放下对自己的很多不满不足，不至于被学业抽干压垮，反而是在学业中吸取了生命的营养和力量。

另外令我感触最深的一点是陈老师作为导师和名师，在我们面前是"真实"的人（引号是为了强调），真实意味着敢于暴露自己的弱点、无知甚至焦虑，意味着陈老师不断在认识自我并同自我达成和谐，也意味着我们能看到导师的学习过程，这恐怕就是我们的最幸运之处。

我觉得陈老师就像是西门一进来右边的那棵银杏树（是我心中北大最美的风景），那么枝繁叶茂，又那么生机盎然，虽然我们知道这棵树的年龄不小了。

1. 为什么我们的支持小组难以坚持下去？

支持小组我觉得非常好，为什么没有坚持下去，可能以后每次开学需要再强调和硬性分配吧。

2. 为什么两月报告总是有同学难以上交？

这是我最不想面对的问题，我不是一个爱写东西的人，两月报告让我觉得是一个大的负担，从我们教研室众多在职读博者（有快10年的了，还没有一个毕业，我处于中游）的反映来看，他们的导师基本是甩手型，这既有好处（可以偷懒），坏处就是总毕不了业吧？但是我们这儿的具体情况是很多人都在忙于生孩子、带孩子和每学期繁琐的教学出题、改卷以及编教材等，所以毕业真不是只想就行啊。还是没有回答交报告的问题，我觉得只要总的进度还可以，不一定要走这个形式，为了让自己的报告好看，又得分精力去做一些现阶段实在没有精力去做的事，反而是耽误写论文了，可能这么回答会挨板子啦！

3. 为什么有的同学学业进度如此之慢？

有的同学肯定包括我啊，表面看是慢，但自己还是觉得有很大进步的，所以又觉得实际上并不慢（像悖论？）。博士学业是要靠自己去慢慢享受其中的苦与乐的，慢就慢点吧。

（六）Z 学妹的感受

我进入这个团队的时间不长，但是对大家提到的很多方面已有体会。从刚上路的新手的角度来看，这个学期经历的各种"教学事件"中，有两件特别想谈谈感受。

一是读书。读书课的强度密度都很大，上读书课是件很不轻松的事。但是这种压力也推着自己不停地往前跑。一开始的时候感觉整个学期所选书目之间差别比较大，精力比较分散，觉得是不是每学期阅读的专题稍微聚拢一些会更好。现在学期几近尾声，发现其实这学期读的书在很多方面都有联系。每一本书都从不同的角度编织着知识的网络，从不同层次上加深理解的质量。自己也在读书的过程中慢慢理解自己的"兴趣"。"博观约取"大概可以表达读书课的目的和意义。

二是，"为了加强管理"，陈老师和在北京的同学商定每月第一周的星期二是固定的活动时间，大家就自己的论文和学习展开交流。12月初在北京的同学已经参加了第一次交流会。我个人把这样的交流会看作"拍砖会"。试想，每人带着自己的问题和困惑来，大家一起研讨，甚至"批评""挑毛病"，到写作完成的时候，论文已经经过无数次捶打，每个人也经历过无数次的"答辩排练"。我们带着集体的智慧去参加正式答辩的时候应该对自己的论文质量、应答方式都会比较有信心吧。

（七）L 师兄再拍一砖

开会无聊，再就导师与学生的关系抛几块砖，供参考：

近日翻读《圣人无意》，很有感触，感觉导师带学生要掌握一个"度"，无论是师生之间的人际关系，还是学术指导关系，掌握好"度"至关重要。"度"的把握要根据导师个人的专业发展经历和学生的个体差异、发展阶段差异而异。比如对待新入学的学生、处于开题迷茫期的学生、处于论文写作高原期的学生，以及个性开朗外放的学生和内向自秀的学生的指导方法和态度可能都不一样，有人可以"导"的多，有人可能则需要"管"的多；有人乐于实践，有人勤于读书，有人勤于思，有人忙于行。学生对导师也要掌握"度"，何时该打搅，何时该避嫌，可能也要审时度势。总之，圣人无意，不是真无"意"，而是尽"度"，收放自如。

另外，借鉴孔子之话，人要做到"恭、宽、信、敏、慧"，我认为此五字直言更适用于都是成人的师生之间。恭：庄重、公正、公平对待所有学生。宽：宽厚、宽容对待学生，套用课改标语——宽待学生的一切（生活、学术）。信：自信、信任，好孩子是夸出来的，成人也一样。敏：敏锐、敏捷、敏感地发现、提出问题，一起解决问题。慧：智慧的指导（做人、做事、做学问）。

（八）S 学姐的坦白

老师怎么带学生？说白了也就是我们怎样做老师的问题。特别是带研究生，又涉及怎样将自己的研究和学生的发展结合起来，如何把握这个平衡点的问题。要做好这一点，一个是教师对工作的态度，一个是教师的学识水平和引导方法。

就前者而言，我觉得陈老师是把学术当学术、把学生当学生的老师，而且尽可能对学生做到一视同仁和公平，这样学生关系也比较融洽，在这样的氛围中学习我感觉非常轻松、愉快，也非常有安全感。一方面，陈老师也尽自己的能力为学生搭建平台，比如翻译书籍、推荐发表论文、参会资助、参与各种学术活动等。如果再往上追溯的话，实质上是一个教师人格的问题，在《道德领导》中实质上也谈到了对品格的关注，在一定程度上，导师是一个学术领导。你是更关注自己还是更关注学生？如何把这两者结合起来？特别是在我们的课题组，陈老师的投入的确是很多的，即使对我们的作业批改和问题咨询，也非常认真地对待。另一方面，就是教师做人的真诚、直率和策略，其实这是最高明的为人之道，只是要做到比较不容易罢了。虽然我们有时候也不愿接受直白的批评，但有真诚和善良衬底，结果总是不错的。

就我们所得益的学习方式而言，主要是读书课、研究方法课以及参与课题研究等学术活动。这可以说是将学养的提升、方法的获得以及学术实践和期间的实践性知识获得的三合一之整合，是获得学术研究体验的重要方面。特别是陈老师深厚的知识底蕴所带给我们清晰、犀利的点评和指点，使得我们能够用"拾到篮里的菜"去做可口的菜。就简单说这些，故事就省了吧。

（九）Y 师姐的体会

以我自身的成长而言，我对陈老师体会最深的是：第一，有教无类，平等地对待每一位希望学习、上进的人，无论你的身份是什么样，你原有的基础是什么样的，她都给予平等的关注，而我就是在这样的关注中找到我自己的；第二，充分地相信自己的学生，并不断地提供给学生锻炼的空间（例如西部项目、深圳项目，我就是在这样一次次的实战中成长的）；第三，以自己不断的反思、真诚的坦白，让我们知道什么才是做人之道，同时也让我们成为一个真诚的群体，相互接纳、相互支持，而我们的成长又得益于我们自己营造的这样一个小小的学习共同体；第四，关注学生的心理需求，全方位地关注我们的心灵成长，我认为这是比学问还要本质和长久的东西；第五，不断为学生提供各种信息，开阔我们的视野，让我们在不知不觉中提升自己的眼界，有时候虽然是一个微不足道的通知，但是它让我们感到导师的心里装着学生；第六，不断地提问，让我们自己去思考，从而激发出我们自己的思考能力。当然，有时我也希望陈老师能够直接提出一些指导性的意见，让我们能够尽快走出迷茫，因为毕竟学业的时间有限。这是我个人的头脑风暴，请其他同学继续补充吧，我先说这些。

（十）W 的感激

刚看到陈老师征求大家意见的信，我想也只有虚怀以待、包容接纳一切的人才会时时关注别人的"意见"吧，窗子只有打开，才能让人感觉到它的存在，风才能进来。

但真要开始写"意见"，我却不知道从何说起！如师妹说的，大家聚在一起专门抽出时间，面对面地说出想法，对陈老师、对我们这个团队、对我们的专业，互相启发下或许能够说得更多。写信毕竟不如说话通畅，我个人认为。

想起著名教育学家梅贻琦曾经说过的话："学校犹水也，师生犹鱼也，其行动犹游泳也。大鱼前导，小鱼尾随，是从游也。"前面几封信中大家都提到了陈老师给我们这些弟子树立的榜样——最好的学生、最虚心的学习者、最认真的读书者、最严谨的做学问者、最包容的"老者"（这个词可能不太恰当）……太多的形容词想用了。陈老师在前面走，我们这些弟子自然不敢懈怠，尤其是我，我经常想，如果不怎么怎么样，我都对不起陈老师……所以也学习她严格要求自己，但懒惰还是常在。尾随的小鱼有时会三心二意，但大鱼足够耐心与包容、时常鼓励与提携，所以整个鱼群其乐融融一片生机，充满了向心力和活力，这是我们这个团队让其他专业的同门都羡慕不已的。

导师对学生的认可、信任和鼓励是最重要的，尤其是新来的学生，如果从一开始就给他／她在团队的信心与位置感，对他／她四年的成长是非常重要的。陈老师在这一点上是做得很好的，尤其是几个小师弟小师妹，陈老师的慈爱、包容与认可的态度对实践共同体成员从"边缘性参与"到中心的位移非常关键。

陈老师有时会很严厉，看你的眼神还挺"吓人"，当然都是犯了错误之后，自己因为害怕被批所以才害怕面对，但正是在她的严格要求下，我们都收获了属于自己的成长，这一点才是最关键的。

还有什么呢？陈老师身上总有汲取不完的东西，可以让我们在需要的时候取些回来用，她自己能够再生这些力量，我们学生却只能索取……感谢吾师！

第二章

课题研究的历练

▼

　　我很幸运，2016 年 9 月入学没多久就被陈老师委以重任，担当她"教师实践性知识研究"课题的协调员，独立负责课题研究的分工协调、会议组织、文本撰写、资源整合等任务。虽然忙碌，但是真的特别锻炼人，整整四年的时间，我随着陈老师课题研究的进展不断成长，也借此机缘发表了数篇论文，结识了许多有趣、有共同语言的好朋友。

　　课题研究是一个非常好的平台，它聚集起怀有同样研究旨趣的人——知名高校的教授、副教授和博士研究生，北京市多所中小学的领导和一线教师——一起探究教师的实践性知识这个"未详知但又确实存在"的"伟大事物"。记得第一次课题会议之后，我作为协调员把会议记录群发给课题组成员，当时还卖弄了一下自己"本科时就读中文系"的所谓文学底子，洋洋洒洒写了一大段话，什么"你有一个苹果、我有一个苹果，彼此交换了还是各人一个苹果；你有一个想法、我有一个想法，彼此交流后会各自拥有多个想法""课题组以后就是一个志同道合的群体，共享资源、思维碰撞，我愿意……"写了一大堆，还在那里沾沾自喜。很快我就收到了陈老师的回复，肯定几句后提醒我说："课题组群发的信件要客观传达研究进展和讨论情况，最好不要夹带个人主观情绪，虽然主观意图是好的，但可能会给看的人压力……"当时我还有点小委屈，几次课题会议开下来，我深以为然，而且也体会到了研究要客观中立的个中深意。

陈老师做什么都特别认真而且投入，在她的带领和指导下，课题组踏踏实实做了三年多，其间的过程性文字包括会议记录、各小组下校作业、田野资料、期刊发表文章，还有后来出版的《搭建实践与理论之桥：教师实践性知识研究》[1]书稿，这些都是陈老师带着课题组成员通过一次次的讨论、一次次的质疑、一次次的修订，一步一个脚印摸索出来的。而且，陈老师带着我们参加国内外的教育会议，发出课题组的声音，接受同行的质询，这种开放、包容又谦逊的学术作风让课题组的每一个成员都受益匪浅。尤其重要的是，我所撰写的课题组成员守则、给（课题组观察点学校）校长的信、课题会议纪要格式，以及课题进展期间的备忘录和随笔、定期上交规划办的课题组工作汇报，一环套一环，形成了正向积极的光晕效应，我随着课题进步，跟着导师成长。十年后再看保留下的点滴文字，仿佛又回到了导师带领我们一起做研究的那个富有凝聚力的团体，又感受到了闪耀光芒温暖身心的"伟大事物"的力量。

1　陈向明，等 . 搭建实践与理论之桥——教师实践性知识研究 [M]. 北京：教育科学出版社，2011.

一、课题组的两份"工作资料"

　　陈老师的课题组吸引的不仅是大学圈子里的人，还有北京市的很多中小学校。而要去这些学校，得经过"守门员"的许可。在陈老师授意下，2007 年 4 月，我写了一份"给校长的信"，盖了学院的红章，每个下校的小组，都带一张当面交给校长。

　　随着课题的深入，成员们手头积累的田野资料越来越多，迫切需要整理和提交会议讨论，而对教师实践性知识的讨论也不能凭空泛泛而谈，必须有个抓手，把它们打包呈现出来分析解读。这些包就是一个个具体丰富的"案例"。2008 年 7 月，在陈老师的建议和指导下，我制订了案例写作建议，并发给全体成员参考。这两份工作资料虽然跟我的博士论文没有直接的关联，但它们对学习做课题的我和正在做课题研究的学者，都有一定的启发意义。

（一）给校长的信

尊敬的校长：

　　您好！

　　首先感谢您对"教师实践性知识研究"课题组的支持！

　　本课题是由北京大学教育学院陈向明教授所主持的北京市教育科学"十一五"规划重点课题（代码 1044），其首要目的是为教师专业发展提供建设性工具。课题组力图通过理解并揭示教师自己很难明确表达而学术界又鲜有研究的教师实践性知识，帮助教师了解自己，进而改进自己的教育教学工作。教师的实践性知识与外在学术理论相比，对教师更具亲和力，更能为他们带来稳定感和安全感，因而也更具持久发展和自我生发的可能性。将教师的实践性知识系统化、条理化，有利于开发以激发教师自主发展为主要目标的教师教育新模式。

本课题的性质决定了它必须通过参与式方法与一线教师合作开展研究，从教师的日常工作入手，考察教师实践性知识在典型教育教学场景中的行为表现，并通过对话了解教师自己的意义和解释。所以，课题组希望有两至三位成员一周一次在贵校蹲点一天，与贵校的一位课题组成员组成几个两人小组。每个小组于上午和下午分别观察和访谈一位教师，即一天需要四位教师的合作，每位教师半天时间。参与教师最好来自不同学科，有比较丰富的教学经验和反思能力，并愿意参加课题。如果我们在五一节之后开始，本学期进入贵校研究的时段大约为一个月左右。

我们知道，课题组成员进入学校有可能对学校的工作造成影响。但我们希望这个影响是正面的，不仅有利于参与教师的专业发展，而且对教师群体发展和学校的文化建设提供我们力所能及的帮助。我们也会尽量考虑学校和参与教师的需要，在保证学校工作正常进行的基础上开展研究。我们还会将研究成果反馈给学校，供学校领导和教师参考，并提供改进建议。此外，如果您认为课题组能够为学校的发展做任何事情，请尽管告诉我们，我们一定会尽力而为。

再次感谢您的支持与帮助！

北京市教育科学"十一五"规划重点课题

"教师实践性知识研究"课题组

北京大学教育学院，2007 年 4 月 23 日

（二）"教师的实践性知识课题"案例写作建议

教师的实践性知识是其"通过对自己教育教学经验的反思和提炼所

形成的对教育教学的认识"[1]，"解释、反思、提炼"是非常重要的关键词。

并列的两种建议：

（1）可以围绕陈向明教授提出的"六个框"：①教师的教育信念；②教师的自我概念和自我效能感；③教师的人际知识以及对学生需要的感知和回应；④教师的情境知识和教学机智；⑤教师的策略性知识以及对理论性知识的把握和运用；⑥教师的批判反思意识和能力，以其中一个或几个为主题，写自己的真实教育故事，并通过这个故事提炼自己的实践性知识：在我的教学中／在我的学校里发生了什么事情，我是怎么处理的，当时怎么想的、怎么做的，为什么这么做和想，与以前的经历和经验有关联吗；处理的效果如何，我怎么知道有这样的效果，事后是如何反思的，这个事件对自己意味着什么，对学生的成长有什么教育意义；我自己的反思有什么特点，为什么会如此反思；这个事件反映了我自己什么方面的实践性知识，这类知识有什么特点，有什么教育意义，是如何形成的；等等。一定要把"故事"说完整了，呈现为一种"丰满的案例＋案例的反思"形式。

（2）也可以写写从教以来对自己影响最大的事件或人物，或者教学生涯中自己教学和教育能力的一些发展阶段。比如写一件自己认为自己处理得最成功的事情，或者是最失败的事情（对学生的教育，或者是教学等），通过"成功的事情"可以发现自己如何运用实践性知识；通过"失败的事情"可以反思自己如何从中学习，以及学到了什么。还可以说说自己遇到的一些困境以及如何走出困境的。通过具体事件，说明自己具有什么实践性知识，这类知识有什么特点、有什么教育意义、是如何形成的（即自己是如何学习的），等等。

（"教师的实践性知识"课题组

2008 年 7 月 9 日）

1　参见陈向明《北京大学教育评论》2008 年第 1 期，p1.

二、叙事资料的"整体—内容"分析法

教师的实践性知识究竟是什么？包括哪些方面的内容？在教育教学场景中以什么状态和形式呈现？教师如何思考和表达自己的实践性知识？教师的实践性知识是如何形成的？个人生活史、教学反思和教师实践共同体对实践性知识的获得和发展有什么影响？要回答这些问题，必然要求研究者进入教育现场，走入教师的日常生活世界。写下面这篇备忘录时，课题组已经从"这里"到"那里"穿梭了半年多，收集了大量的一手资料，包括听课和访谈笔记、备课本和教案、教师日志和反思日记、学生作业等，它们不是从量的角度出发收集的，而是从质的研究视角入手，不是追求数字的精确、过程的客观中立和结果的可复制性，而是强调研究者与合作者之间的信任、真诚和敞开心扉，关注和倾听、诠释和解说带来的是数量庞大的叙事性资料。对这些资料进行阅读、分析和诠释，是摆在课题组面前的一项急迫任务。

2008 年 5 月，我把《叙事研究》[1] 这本书翻译完了，不能浪费这个好资源，我用它的方法去分析我所收集的资料。作者提到根据整体与部分、内容与形式这两个维度，可以组合出四种叙事分析的方法：整体—内容分析、整体—形式分析、部分—内容分析、部分—形式分析。每一种分析方法都各有其优势与适合的研究目的。

1　艾米娅·利布里奇，等. 叙事研究：阅读、分析和诠释 [M]. 王红艳，译. 重庆：重庆大学出版社 .2008. （本书于 2019 年修订再版）

经过一段时间的斟酌思考,我感觉整体—内容分析法是比较好用的,于是深入分析了我在课题学校西二旗小学的一段田野笔记,即我与该校一位体育教师的两次接触实录,其中前后访谈时间总计约为四个小时,转录文字接近两万字。当事人张老师用一个个故事串连起她近四十年的教学生涯,而这四十年的教学生涯被她分为三个阶段:从刚工作的一个16岁的小姑娘,到慢慢"上道"取得一定成绩,经历风风雨雨后再到今天的"桃李满天下"。整体—内容分析的关键在于寻找故事中反复出现的主题。最初,我带着一颗开放的心仔细阅读张老师的整个故事,记录下触动自己的关键词、呈现出的总体印象,如自信自豪、认真、乐观、爱工作爱孩子。然后再反复读,并对照关键词进行删减和归类提炼工作,在其生涯的三个阶段寻找那些与总体印象相符的、反复出现的主题。下面就是从全部叙事中提炼出的四个主题,这四个主题又进一步印证了叙事最初呈现给我的总体印象。

1. 风风雨雨和桃李满天下

张老师16岁参加工作,用她的话来说,"整个一小姑娘",到今天将近四十年了,人生能有几个四十年呢!而她这四十年的岁月都是在教师岗位上度过的,从"小张"到"老张",风风雨雨一路走来。但从张老师的话里可以听出,她对自己过去岁月及现今工作的满足感和自豪感。

一个16岁的小姑娘刚开始工作肯定是有不少困难的,张老师自己也说"你不可能一帆风顺"。她举出一个"受欺负"的例子:"当时是在颐和园那边上课,周围就是空地,什么都没有。有很多农民孩子特别淘气,看你小就欺负你、来捣乱,成心在里面踢球,破坏你的课堂教学。"但这个困难被她挺容易地解决了。张老师的粗犷性格和"体育味"让她从工作一开始就很像个样子——不是学体育出身的她向领导自荐去教体育;"小足球踢得很好"的她能把调皮捣蛋的孩子集聚在自己身边;"按道理来说,根本就震不住孩子"的她"真就没教过乱班"。在张老师的谈话里,把自己的教学生涯分成了三块,16岁刚工作的时候、慢慢上道取得一定成绩和九十年代（严格来说是九十年代中后期）以后，对应教师发展阶段的惯常说法，应该分别是新手教师、熟练教师和专家教师。如果说，初入职因为印象深刻而被张老师赋予了较多笔墨，那么后面的这两个阶段则是因为她的成绩与收获——即桃李满天下，而被给予了最长篇幅的谈论。

因为喜欢体育，好学，"自己摸索，后来也出去进修，多听老教师的课，跟他们交流，看他们讲课，向他们学习"，再加上"敬业"，张老师在体育教学这一行取得了非常显著的成绩。在张老师看来，成绩体现在两个方面，一是教学业绩，二是学生"有出息"。九十年代中期，张老师"在那个学校，可以说各方面都是很好了，不管是课，还是比赛"，于是被任命为学区体育组长，带着年轻的教师们为区里的体育教学做贡献。而她"从自编操开始，到国家要求的这三套操，都是有名有册的"；"曾经代表区里参加过演讲"，并且是当时唯一的一名小学体育老师；体育学校分实习学生的时候，分给她指导的总是最多的，这是对她能力的认可和信任；也给现在任教的这所学校的学生规范了行为，提高了学生的素质。在这么一位优秀体育教师的指导下，学生们自然会"很不错"。包括张老师指导的体育学校的毕业生，他们有的考上了大学，有的在工作岗位上做了领导；包括现任职学校的小学生，素质高了，精神面貌也不错。用张老师的话说，"第一，素质有了。第二，基本功有了。会站了，课也有组织了。即使去比赛（做操），也能排到前三"。一个自信自豪的老教师形象凸现出来。

2."小苗苗"和"小豆豆"中的爱和了解

访谈刚开始不久，张老师就提到了"特别喜欢孩子，愿意和孩子打交道"。作为一个工作了一辈子已经退休的老教师，她接受返聘重新回到工作岗位，不是为了钱，而是因为对孩子们的爱，因为"只有跟孩子一起才有朝气、有乐趣，才感到快乐"。摆脱了身外之物的牵绊，张老师追求的是心灵的安宁和充实。有了对孩子们的这份爱、这份执着，才有了今天的桃李满天下。

Elbaz 认为教师的实践性知识可以用一个大致的三层级结构方式来组织：实践的"规则"（rule，具体的指示）、实践的"原则"（principle，概括度居中等）、"意象"（image，宽泛的、隐喻式的陈述）。其中，意象是最不明晰的，也是最具包容性的，通常浸透着价值的判断。"学校就是家""藏身之地""躲在专家知识后面"等意象的视觉性质和直觉吸引力可以抓住教师关于自己、学生、教学和学科等看法的某些基本方面，并有助于将教师运用于实践的原则与规则联系在一起。我们的课题也把"意象"作为一个独特的分析视角，通过与一线教师进行深入访谈，倾听他们的故事，接纳他们的情感表达，捕捉他们话语中使用的意象，进而把其作为一个角度挖掘和提炼教师的实践性知识。"小苗苗"与"小豆豆"就是张老师所用到的有关学生的两个"象"，从中我们可以提炼分析出她的"意"。[1]

小苗苗是有无限发展潜力的，是在不断生长、充满生机和活力的。同时，它也是娇嫩的、需要呵护的。张老师是一个非常爱孩子的、教了一辈子体育的老教师，孩子是她快乐的源泉。"我要是不跟孩子一起生活，就觉得空虚，就整天没着没落的，只有跟孩子一起我才有朝气、有乐趣，自己也年轻。我就是虽然年龄到了，心还没到，心还跟他们一样。孩子能做到的事情，我肯定也能做到。跟他们一起学习、生活，一天才充满快乐。"小苗苗能给人带来希望和生气，又会让人生出爱意与呵护之心。同时，小苗苗是有非常大的可塑性且需要"塑造培养"的，张老师作为一个体育老师，非常强调体育的重要性，"学生必须从小有个好身体，长大后才能做大事情"，而且体育课上必须"有规矩"，有组织、有纪律是她非常重视和强调的。在小苗苗这个形象、有生气的意象下，统领着积极、用心和"绿色"的原则和行为规则，于是就有了张老师针对学生特点的因材施教，比如给一年级孩子说"你就是一棵小松树，那就要像小松树一样挺拔"；比如把动作要领编成歌谣，让学生有兴趣且记得牢；比如她主张情境教学法，通过编故事、设情境，把课上得连贯、圆满。

1 王红艳."意象"——研究教师实践性知识的一个视角——以"小苗苗"和"大白菜"为例[J].中国教师.2008（05）：40-41.

虽然没有系统学习过心理学的相关理论,但凭借几十年的工作经验,张老师能很好地揣摩孩子们的心理。"他往那儿一站,我就知道他想什么呢,"而且会照顾孩子的发展特点进行教育,"小孩子嘛,你不能老去批评他、指责他,他本身就好动,一会儿工夫能坚持,三分钟热乎劲,过了这三分钟该如何提示,用语言去沟通、用手势去沟通、用眼神去沟通,这都是非常重要的。孩子在那边折腾了,给他一个眼神,他就知道怎么做"。互动、沟通和关爱是张老师的教育信条,从刚工作那天起她就坚信这一点。要教育孩子必须了解孩子,否则只会事半功倍。"别看是二年级的小豆豆,好坏都明白,你可别拿小孩当小孩,他们脑袋瓜里的东西,比我们成人还复杂,是非也明白,就是管不住自己。对那些调皮的孩子不能讽刺挖苦,他们有头脑、有思想。"小豆豆是个非常可爱的词语,张老师用非常慈爱、温暖的口吻说出来,让人感觉心里软软的、润润的。对待这些嫩嫩的但又脆又蹦的小豆豆,没有一些技巧和耐心是不行的。

3. 利用"关系"解决问题

在整个访谈过程中,张老师讲了大约四个非常完整的教学故事。其中两个是关于处理教学问题的故事,而且非常有意思的是,这两个故事有个共同的特征,那就是利用"关系"解决问题。这个关系指人际关系,也就是利用被教育的学生的关系来处理所遇到的教学问题。这一点也很好地印证了叙事研究者所认可的女性叙事多是关系性叙事的主张。

在第一个故事中,一个16岁的小姑娘刚刚工作,周围的农村孩子都来操场上捣乱。小姑娘一边采取自己的应对策略,一边对班里自己的学生做思想工作,因为捣乱的孩子中有学生的哥哥,"你跟你哥哥说,别在这捣乱,咱们上课呢。如果愿意的话,你可以下课再来踢,我也可以跟你一起踢"。问题很容易地解决了,这些孩子"不光不捣乱了,还维护,谁捣乱还不行"。而来到现任职的这个小学后,一个妈妈是学校老师的孩子不服管,张老师同样采用了这种关系策略,说服了孩子,从而解决了这个问题。"当时我什么话也没说,下课就带他去办公室了。我说,你是咱们老师的孩子,你妈妈就在这工作,你的言行举止得给你妈妈争口气,你在那里折腾,我怎么管别人啊?你说,你,我管不管啊?让人家老师看了,说,哎,老师的孩子怎么这样啊,你现眼不现眼啊?再说了,你都五年级了,就是妈妈不在这里工作,你是一个学生,你应该怎么做啊?我就没给他好语气,但从那节课开始起,他真是换了一个人。"

"关系"一词在张老师的叙事中反复出现,除了在与学生的交往故事中,还在她的家庭环境里和与其徒弟的共事中。张老师之所以取得今天的成绩,除了个人素质及敬业以外,还有个很关键的方面,那就是家庭的和谐,尤其是作为儿媳与婆婆之间关系的融洽。虽然这看似一个很普通的家庭问题,但是在这个问题背后,其实道出了成绩和荣誉背后的东西,也让张老师现在回想起来对自己的女儿怀有愧疚。"工作三十多年来如一日,没请过一天假,一心扑在工作上,就是来这里(现任教小学)三年了,我也没请过一天假,没休息过一天!"工作成绩的背后是有一个稳定和谐的家庭,这也几乎是所有优秀教师的共性。目前张老师带了一位年轻教师徒弟,她自有一套指导方法。和揣摩孩子的心理、了解孩子们一样,她也非常了解自己的徒弟,并采用有针对性的方法进行指导。"去年重点教他教法",而今年"就是如何组织教学,上课时让学生维持秩序、不乱"。这种针对徒弟所需进行指导的方式是值得称道的。而且作为一个非常有经验的老教师、一个长辈,张老师的认真、负责和毫无保留也赢得了徒弟的尊重,"这孩子好的一点是特别诚恳,特别的……愿意接受别人指导,总之,从心眼里他也很佩服我、很尊重我"。张老师不仅在工作上对徒弟进行指导,而且在做人方面也以一个长辈的身份对其进行教诲。她用了一个具体的例子——如何教导徒弟以一个儿子的身份搞好妻子与母亲两人之间的关系——进一步道出了家庭和谐、家人关爱对工作成功的重要性。

4. 对规矩的强调

从16岁开始工作那天起,张老师就一直把"懂规矩""有组织有纪律"挂在心上。小苗苗需要呵护与爱心,但也不能任其胡乱生长。这一点似乎带有传统教育观的影子，也与张老师的工作生涯主要受苏联教育理论影响有关，但是就其取得的教育成绩而言，我们可以说，在辩证地看待和处理自由与纪律的关系上，张老师是做得相当好的。

张老师认为，学生上课和做人都要守规矩，要从小养成一个良好的习惯。她举了这样一个例子："五年级上轮滑课，我要求学生得有规矩，背着书包轻轻下来，到操场上先做准备活动，活动开再换鞋。小孩都很明白。万一出了事故再说就晚了，家长问起来就……你明知道是轮滑课，必须活动开，为什么不做呢？所以事先一定要打好预防针，少滑五分钟没关系，组织性、纪律性强了，这五分钟就能找回来。"规矩对于一个良好的课堂秩序、完满的教学效果是必要的，纪律看似妨碍了自由，但其实恰恰相反，自由是由纪律来保障的。这种辩证关系张老师非常清楚，她也让学生明白这一点：少滑五分钟没关系，组织性、纪律性强了，这五分钟就能找回来。从而解决了在很多老师那里看似棘手的问题。

张老师不只让学生守纪律、讲规矩，还辐射到其他教师身上，用她的说法就是"用孩子去教育别的老师"，让其他教师也知道"规矩"。在谈到如何要求学生的时候，张老师说了这么一件事，或者说是她的做事原则。"我的课，谁也不能无故不上。你上课也不能占用我的体育课时间，用我的体育课去补任何功课（此处她加重语气），否则我就按旷课处理！有些老师，尤其是语数英老师常常把孩子留下来补课，觉得体育不重要，这不行。我为什么这么做？首先保证能够上课，你不能无故不来，有事请假。我得给学生讲清楚……我就是用孩子去教育别的老师，不要用我的课，谁也不能够用我的体育课补你自己的课！我一上课，孩子就主动先给我说：张老师，谁谁谁跟老师做黑板报，请假了！孩子们都很自觉，我说话算话。"这段话随着她的语气和气势，带出了一个非常强势和坚持原则的老教师形象。用孩子教育其他老师，很有意思的一句话，也算是非常新鲜的一个"招"。在学生包括其他老师面前树立起一个说话算数、要求严格的体育老师形象，带来了她想要的效果——学生全勤、老师不敢私自占用体育课补习。这就是规矩。

　　上面四个主题贯穿在张老师的工作生涯之中，有了对孩子的爱和了解、对人际关系的敏感、对规矩和纪律的强调，让她在几十年的风风雨雨中不断品尝桃李成蹊的快乐。从她的言谈之间，我们能感到她对自己工作（成绩）的满意、自豪与欣慰，以及从骨子里透出的自信。近四十年的兢兢业业换来了心灵的宁静与满足。而只有和孩子一起，才觉得快乐、生活有意思，这样一种境界在很多优秀教师那里都能见到，"教育事业就是我的生活，孩子就是我的快乐"[1]。

　　这就是叙事分析，意在寻找意义，对个体的经验和意义进行系统性研究，即探索事件是如何被行动的主体建构出来的。通过有结构的分析呈现出栩栩如生、有血有肉、真实可信的"人"的形象，用立体丰满的人物代替用一连串数字、统计图表堆积而成的"平面人"。课题组也在致力于运用各种方式方法去分析从合作学校收集到的丰富多样的田野资料。

1　王红艳.叙事分析的整体—内容视角——以分析一位教师的叙事为例[J].山东师范大学（人文社会科学版）.2009，54（02）：59-63.

三、从课题角度分析田野资料

2008 年 6 月，近期课题组会议的主题都是分析成员们手中的田野资料。我也进驻负责的西二旗小学半年了，虽然每次进校都写备忘录和摘要单，但是系统的分析很少，这几天仔细思考了如下几个思路，以方便拿到课题会议上进行讨论。

思路一：从"关系"入手分析教师的实践性知识

中国是一个很讲究人际关系的社会，人际关系是中国的特色，它成就了、促进了但另一方面也可能损害了、阻碍了各种事业和运作，正所谓成也萧何，败也萧何。把关系作为一种研究范畴，应该说具有很强的中国本土性特征。它"最先是由中国学者提出，并用以解释中国复杂的人际关系现象的一个十分重要的概念"[1]。与西方社会相比，中国这个社会的秩序不是建立在团体本位基础上的，也不是建立在个人本位基础上的，而是建立在充满了人情成分的人际关系本位基础上的。胡必亮总结了关系共同体的理论基础，其中非常重要的便是社会交换理论。依此，我们可以借其分析教师的实践性知识——在关系中呈现出的实践性知识（PK）。因为 PK 总是在实践中产生和积淀的，教师的实践其实就是在关系网中处理关系的过程，教师的思维是"集体形塑而不是个人经营"，是"过去、现在和未来的意义不断通过社会交往协商和再协商"形成的（教师身份的社会雕琢）。教师如何处理各种关系——包括与学科知识

1　胡必亮 . 关系共同体 [M]. 北京：人民出版社，2005.

的相遇、与学生的"斗智斗勇"、与同事的合作竞争、与家长的交往沟通——体现了他的经验和阅历，需要调动他的身体、思维、语言、情感，需要整个人身心的投入。关系的处理体现了教师的实践性智慧，阅历和年龄的差异也会导致关系处理的优劣成败。

如果把"关系的处理"或"关系的状态"用一个连续体来表示，西二旗的老师可以填入几个典型的节点。在与学生的关系上，有敌对、疏离、中立、亲近；在与同事的关系上，有融洽、隔膜；而师徒关系可以单独拿出来分析。刘慧霞老师曾用"锲入"定义关系，并简单讨论了教师与知识的关系；启旸研究了教师之间的"默契"……相信关系是一个值得重视的分析视角。

1. 与学生的关系

关系类型	材料支撑
敌对	"我们很累，很不开心，老师太严了，我们不快乐。"这是学生给侯老师说的话，侯老师说起来的时候很无奈，"我就给她讲道理，这一年说的话比我过去六年说的都多，做的思想工作也比我过去六年做的都多。这么多可气的理由，但是又不能发火。他们就是无理搅三分！我平时也挺压抑的。""其实他们是在害我，数学是学思想方法的，学了去用去试才有帮助，而不是就学会那些加减乘除，那没有多大用。但是他们就那么沉闷，没人呼应你。"这让她对教学、对学生的教育产生了很大的情绪，但她也反复告诉我们她很投入，给学生讲了无数的小故事（有些是她自己写的），给学生讲道理。尽管她的抱怨给我们的感受更深——"我本来想往那个方面发展，他们非要把我拽回来，这其实是在害我！"
疏离	有文采和有激情是刘老师与其他教师不同的地方，应该也是她的优势，如果这算是她独特的实践性知识的话，该如何分析呢？从正面还是反面？因为她看上去并没有照顾到学生的接受水平，没有对学生的需要做出恰当回应，师生交往似乎在一个被拔高的层面上进行着。虽然她很有感情地朗读，也很用心地给学生做思想教育工作，比如下课学生们起立告别，她予以评价说，"从同学们的站姿就可以看出，你们都树立了努力学习的理想，你的理想就是好好学习，做一个守规矩的学生"。但和往常一样，她富有文学色彩和演讲式的语言让人感觉很空，不入人心。旁观者都能感觉到她

续表

关系类型	材料支撑
疏离	和学生的距离很远，通过她的语言风格、语言样式和表达方式，她自己把自己与学生拉开了距离。她自己有没有意识到这一点呢？这算不算是她的实践性知识？如果说，她信奉的理论与使用的理论不一致，或者说她的能力不够和教学努力方向有问题，也算是合理的，那这样的负面案例怎么与我们的研究结合起来呢？
中立	其实这个维度是硬造的。不能说哪个老师是绝对理性和客观中立地对待孩子的，只是有的老师看起来与学生不近也不远。 另：年轻教师不能容忍沉默和课堂冷场，缺乏等待时间，能放在这里吗？
亲近	体育老师爱孩子：不跟孩子在一起，就觉得心里着没落的；称学生为"小苗苗"。 当我问李老师是不是因为观察到了小男孩沮丧不举手后，才又叫他回答问题时，李老师没有正面回答我的问题，而是说："这个学生特情绪化，一直这样。"不管怎么说，能在考虑学生心理特点和需要的基础上，回应他和照顾他，应该可以算作李老师实践性知识的体现。李老师传达给人的感觉是：妙语连珠，像蹦豆一样清晰响亮，表扬与批评甚至调侃讽刺集体上阵，配合着她的发散式思维，常常有出其不意的效果，让我在下面听得倍儿精神。李老师的语言和教学风格（比如她的教学节奏等）显然与她的个人特点有关：活泼、机灵、反应敏捷，有时候说出来的话语让人忍俊不禁。比如课文（《儿子们》）里妈妈夸自己的儿子唱歌好听，"她用了一个比喻，是什么啊？"——"黄莺！""对，黄莺，声音好听。会不会比作乌鸦一样啊？"孩子们大笑。语言形象有趣是李老师教学很典型的一个特点。她要求学生把三位妈妈说的话划出来时，提醒学生说："说的话有个标志叫什么号？对，引号，一边一个，就像你的袜子一样，左脚一只，右脚一只。"如此形象贴切的比喻，孩子们对引号的印象肯定会非常深。

现在回过头再来看表格里这些话，联想起当年陈老师读完我的备忘录后给予的让我感觉挺委屈的评价："感觉你做的田野像记录好人好事，要么就是主观批评。"确实如此，当年的我做田野很不专业，这种带有浓重个人色彩的文字，怎么能作为原汁原味的田野资料拿到会议上去讨论呢？这样的首先把自己的好恶给带出来，而不是供大家客观分析教师实践性知识的田野资料实在

是太不专业了！其实在陈老师的质性研究方法课上我就学到了用左右栏的方式记录田野笔记，原来到了现场就不会用了啊！现在想想，幸好在写博士论文收集资料时这个问题改了不少。感谢导师的批评和提醒。

2. 与同事的关系

探讨人际适应良好 VS 适应不良、女教师的恋旧情结、自我认同问题。

相对于张老师（"刚来没多久就和老师们非常融洽了"）和祁老师（"大家都是一起共患难的，关系很好"），非常典型的就是赵老师。"我是 2006 年 9 月调来这个学校的，因为离家近，我家在附近买的房子。真的是很不舍得原来的学校，十多年了，跟自个儿家似的，同事也熟。而来到这里，环境换了、教材换了，什么都换了，就是老公孩子没换！（大笑）而我适应能力又差，这是我的弱点，害怕变动，感觉很别扭。也没有什么朋友，很孤独……刚工作时就是一学生，跟白纸似的，比较容易适应；而现在自身有了很多定式的东西，适应起来就很难，到现在也没有完全适应这边的同事。有的一天可能都不说一句话，没有沟通，大家也都太忙。在那边我有自己的朋友，都是掏心掏肺的，但现在人的自我保护性太强了，有排斥性。大家也没有时间坐下来聊聊天，都没有工夫。"联想起访谈时赵老师那一瞬间的泪光一闪，挺有冲击力的。

3. 师徒关系

关于张滕和他的师傅，我已经分析得很多了。但关系究竟怎么梳理，还是很没有头绪。师徒关系是双边的——师傅对徒弟的指导和提携，徒弟对师傅的影响和充实。而在中国特色的人际关系色调下，张滕二人的关系又呈现出拟亲化的一面——母对子的爱护和恨铁不成钢，子对母亲的敬畏、对其威严的表面服从与暗暗的不服气及视其为"传统"。师徒双方是如何看待和处理彼此关系的，师傅是如何通过与徒弟的交往"传递"其实践性知识的，徒弟又是如何通过与师傅的朝夕相处积淀自己的实践性知识的，这些可能是比较契合的研究视角。师徒在哪些方面有共识、哪里有分歧，如何交流、协商和互相影响……（这里也可以用话语分析方法吧？尤其是师徒之间的对话博弈，内部话语与权威话语。）

4. 对学科知识的处理

这一点很泛，包括教师对教育的看法、对学科的看法、对学科教学的看法，他的教育观、教学观、学生观其实都可以放进去。而如果从本土概念入手讨论可能会比较聚焦一些，如课眼、贯通力、反思性。《知识与实践的关系》中的 knowledge-for-practice, knowledge-in-practice, knowledge-of-practice（其下有几种分析框架：知识的意象；关于教师、教学和专业实践的意象；关于教师学习、教育改革中教师角色的意象）这一组概念是否可以拿来用？

思路二：从教师的语言风格分析

西二旗小学女老师居多，尤其是低年级段，这也是大多数小学的特点。妈妈式的口吻、儿童化的语言、恩威并施是这些女教师的共同特点。

案例一：照顾到儿童的心理特点，低年级老师说起话来与高年级老师截然不同，她们更儿童化、更可爱一些。李老师作为一个活泼的年轻小姑娘，语言流畅、清晰，虽然不像她的师傅那样把"孩子"两个字挂嘴边，但有时候她本身就给人一种孩子的印象，偶尔的一个笑容、一句话、一个动作淡化了她给人的"比较凶"的感觉。在让学生书空完"特"字后，她问："为什么要最后写这个╱（提手旁的╱）啊？"有学生说"空地方"。"对，腾地儿！"李老师用教鞭指了指特字的右半边，又接着说，"也不光是为了腾地儿，是去找谁去啊？"她停顿了一下，带着可爱的笑容，眼睛睁得大大的，看着孩子们，然后转过头放慢声音继续说："去找右边这个——'寺'去！"

［附上3月13日的田野备忘录：我一直认为李老师的语言很有特色，算是她的优势，活泼、家常、机灵、儿童化，虽然感觉有"废话"多的问题，但是并不减弱她的这个特色——这是站在研究者的角度来看

问题，风格鲜明、让人耳目一新，所以有研究价值。但在教研员黄老师看来，这恰是她的不足，"太随意"是相当负面的评价了，虽然我有时候也感觉她的话太多、有些话不用说，但还没有到教研员所说的这种尖锐程度——"该说的少说，不该说的坚决不说"。我们角度和立场不同，评价问题的方式也不太一样。教研员的评价促使我们进一步思考：我们思考或者聚焦的教学风格、教学语言是不是太过于表面化了？外表的"新鲜热闹和有趣"，带给个人的"好玩和逗"的感觉，其实可能达不到教育目的——用教研员的话说就是，你让学生真正学到东西了吗？这让我们发现：研究过于关注教师本身，是在做表面文章，观察学生也是凭表面现象，"他们听了李老师挺逗的话，乐了，都很高兴"，可是这种高兴背后，真正达到了什么样的效果呢？我们没有深究。所以，我们对李老师语言风格的关注可能有表面化和片面化之嫌，但是，再换个角度的话，李老师的"逗"与清华附中赵老师的"激情"有无可比处？学生年龄不一样，当然对老师的风格回应不同、结果表现也不一样，相对而言，小学二年级的孩子更需要"浅浅的、单纯的快乐"吧？所以可能不太需要激情澎湃的话语，而更需要儿童化和亲切好玩的话语。"逗"和"激情"都属于老师的教学风格，但感觉"逗"的背后内涵要淡薄一些（是不是和老师本人也有关呢？二十出头的小姑娘无论在经验阅历还是条件性知识及语文素养方面，与身为特级教师的赵老师相差太远了），似乎挖不出深刻和丰富的东西来。如果说教师的实践性知识是其通过对自己教育教学经验的反思和提炼所形成的对教育教学的认识，当教师对其教育教学经历进行自我解释并提升至反思阶段，提炼提升后使之"惯例性"地指导自己的行为时，我们需要追问，李老师怎么看待自己语言的"逗"和"有点贫"呢？这是我们外人的感觉吗？她认同这一点吗？或者她天性如此，根本就没有刻意让自己形成这种风格，而是本性流露？]

案例二：儿童化的语言是所有低年级教师的特点，王玥亦是如此，说话时的表情和语调特别温柔，但又不失活泼。给我的感觉就好像是一个胖胖的、可爱的姐姐在和一群更加可爱的小弟弟小妹妹玩。类似"它和哪个字长得像啊？""浩宇是坐得最快的，打开书就坐好了，真棒！""伸出你的小手指，咱们一起给他做评委。""哈，想不出了吧，赶快再想想！""找个小朗诵家！"的话语加上老师的表情动作，使班里的孩子们非常活跃。王老师显然很让他们喜欢。（在访谈中，她认为"教学风格是与个人的性格、个性有关系的。而且我教的是低年级，必须得用儿童化的语言，一句话反过来倒过来地说，得让学生听明白，还得让他们爱听。但高年级就不一样了，老师的话就非常简练，不用多说一个字，学生就都明白了。我就非常喜欢听高年级的课，听他们上课，真的很好、很简练。不像我，老在那儿重复"。）

思路三：分析教师的教学机智／教学策略／对学生需要的判断、感知和回应

这是按照陈老师的六个框来分析的，对号入座。而且西二旗组这方面的材料也非常多。举例如下：（这六个框是要保留，还是结合进其他几个"力"中？如何整合？需要再讨论。）

（1）教学机智——敏锐感知情境，制造教育时机。王老师虽然看上去稳稳的、文静内敛的样子，但她能在"该活泼"的时候动起来。结合情境的需要，随时制造教育时机，既让学生感兴趣，又起到不错的教学效果。给学生出示"位"这个字后，她问学生"这是什么偏旁啊？""单人旁。""对，单人旁，是和人有关系的。你们能用它组几个词吗？我们现在在教室里，可以怎么组词？""一位老师，一位同学。""后面还有……"老师一边把手指向坐在教室后面的我们，一边问。一个个稚嫩可爱的笑脸转向我们，叽叽喳喳地说："有三位老师！""对，他们是来做客的，还可以说……""三位客人！"孩子们兴奋地喊起来，又掀起了一个小高潮。

（2）教学策略——善于运用同辈进行榜样激励。开始时李老师先要求学生读 1~6 自然段，接着询问："怎么找出是哪个自然段呢？对，在前面标出来，一看就能看出来了。"然后她走动巡视全班，重复提醒了两次："我看有的同学做得很好，先标出来再看书""先标出来"。

在看完两排学生后，她拿起中间第一排同学的课本，举着说："读完的就是读完的样，没读完的就应该是没读的样，听明白了吗？"当巡视到最后一排时，看到一个男生还没有按照提示标出段落数字，李老师指着他前面的女生说："看人家范静都找着了，你没找着！"男孩子赶紧拿起铅笔标上。课上到中间时，李老师把三位妈妈的话重点写在黑板上，第三位妈妈说自己的儿子没什么出奇的地方，她问学生"出奇"是什么意思，并把学生的答案"特别、特殊"也一并写在黑板上，然后她回过头来，很快地说："你看看人家徐然都已经写在书上了，看看人家多知道学习！"马上有一些学生也跟着把解释写在了书上。同辈之间的榜样力量是极大的，尤其对低年级孩子，模仿和效法别人是一个很突出的特点，这也就是为什么语文或数学课上老出现"咬尾鱼"现象的原因。教师都知晓这个道理，善于运用好的典型、表扬好的行为来树立榜样，甚至是其目的在于"批评"某个学生时，也不直接进行，而是通过表扬其他学生达到目的。

（3）对学生需要的判断、感知和回应。在让一个女生范读的时候，她卡壳了，遇到了不认识的字，祁老师先是挺柔和地说"看看，刚才不虚心了吧，不提问，不认识了。谁来教教她？"当一个学生站起来读完之后，祁老师接着对那个女孩说："记住了吧？你先读，读完再标上音。"让学生"先读完再标音"是一个很小的细节，但正是这一先一后，表现了老师的在乎和关心，这个时候孰轻孰重呢？不打断学生范读的连贯性和积极性，但同时也强调要弥补自己的错误和不足，处理得非常巧妙。

思路四：定位问题（在学校中的位置与身份认同影响了教师的教学及各方面的"学校生活"。）

思路五：意象（隐喻："小苗苗"。）

思路六：生活史（案例：栾老师的"你们饿不饿？"张老师刚开始工作时的经历对从教的影响，成功带来对教学的满意和自我的肯定，以及自我认同感。王老师生活中的榜样，"对我影响最大的人是我的姥爷"。）

思路七：反思（似乎各组很少关注学生视角；以及对学校背景，即教师文化与学校文化的关注？这样的背景因素应该以什么方式呈现？）

第二章

备忘录帮我通过资格考试

如今整理电脑里和博士论文有关的备忘录，看到当年那一个个名为"月总结""清华附中备忘""万泉小学备忘""新手教师访谈""开始论文了""课程作业"等的文件夹，再打开里面各自包含的数个子文件夹心里真是感慨万千。幸亏在导师的要求下，把写备忘录养成了一种习惯，几乎每天、每月都在写。

当定下论文方向后，所有听到的、看到的、想到的一切，都能和它扯上关系，什么都和你的博士论文有关！听的课、看的书、聊的天、开的会、想的事，只要记下来，就都可能成为宝贵的素材。这些写出来的备忘录都可以随时听从我的调遣，一组组文字，终于码成了走向博士论文的第一道台阶——北大教育学院综合考试的四篇论文，即跟研究问题有关的"文献综述＋理论框架＋方法论＋自选"四篇论文。

这部分内容的呈现脉络是：从刚刚入学交给导师的"研究设想"开始，在导师要求下写出自己打算研究什么；然后经过读书、上课、做课题等契机，"师范生培养"这个设想转变成"新教师实践性知识"的研究；然后又改为从师徒制和实践共同体理论切入研究新教师的成长。最后一部分，是如何以四篇论文通过综合考试，正式获得做博士论文的资格。

一、入学初画研究雏形

其实严格来说这里呈现的内容不能叫作"雏形"，它只是入学初应导师要求而写的大致的研究设想：你来这里读博士，想研究什么？你带着什么研究兴趣来学习？它和我最终的博士论文《新手教师在学校实践共同体中的学习》基本上没有一丝"形似"，但也保留在这里，作为本章的开端吧！

（一）研究方向的模糊印象

四年，不太长但也不算短的时间，我将从事教师教育与课程教学方向的研究。作为一个刚入学入门的新手，不敢说自己对其有多深的了解，但我已经有了三年的师范大学从教经历，五年的本科生实习指导工作经验，让我从理论到实践都算是有了独特收获。我想从自己的工作经历入手谈一谈我对这个方向的认识，而且我正是从自己的工作经历中生发出了我的研究兴趣、关注点，或者说是自己模糊的研究方向。

2003 年自硕士毕业留校后我主要担任两大类课程的教学：公共课"教育学导论"，是全校大三学生的必修课；"优秀班主任研究"和"小学数学教学法"，分别针对教育系大二和大三的学生。当大三学生学习了 10 周小语小数教法课后，我和另外一名教师带领他们奔赴当地小学进行 5 周的实习，其内容有小语小数教学和实习班主任。另外，连续两年我每年初带大四学生赴地方院校进行为时三个月的毕业实习。在授课、总结、指导实习、与学生交流的过程中，我的困惑、兴趣点也由模糊的雏形到现在的初具规模。

为什么说是困惑，源于学生对我这个新手教师授课的反应。我执教"优秀班主任研究"，采用的是"课前演讲分享你的班主任故事 + 案例教学讨论 + 理论分析"的形式。学生们都挺喜欢，讨论也比较热烈。但在他们的邮件里，透露了许多真实想法："我不喜欢教育系，将来也不打算做老师，学那些课程有啥用？优班上得再好、学得再好，无用，我又不去做班主任！而且即使多少年后做了，这些能用上吗？"而在带领大三学生去小学实习的过程中，他们的困惑、疑问、感叹、悲喜，成为我这个指导老师思索问题的起点。其实我从研二起就跟硕导一起去小学看实习，五年多了，每次都有学生表达类似的疑惑："学的理论有什么用呢？我们学的那些在课堂上根本用不上；还不如他们本校老师说的实用呢，直接教我咋上一节课；我上了讲台，开始上课，满脑子都是以往小学老师的形象、语调、态度、对待学生的方式。"所以，他们以往的学习经历和学生经历是第一位的、决定性的。像叶澜教授所说的"虚拟关注时期"的准教师们有着自己的"过滤器"，可能滤走了宝贵的东西，贬低了某些理论性知识，或仅把学习视为教学技能技巧的获得。虽然我不认同学生们所说的"所学无用"，因为我以一个过来人的身份坚信，我的所学潜移默化地影响着我，如糖溶于水使水变甜而糖却从我们的视野里消失一样。但不容忽视的是准教师们对自己的所学产生了怀疑，我们的所教没有深入到他们心里去，那又怎么指望他们投入热情和兴趣呢？更遑论期望他们满怀激情地去投身实践、改造实践！换个角度来问：为什么学习了教育学、心理学，还不会教书？这是我关注问题的第一个方面，也即职前教师教育问题：怎样去教育，用哪些东西去教育？教师该怎样培养？

我认为关键的一点是，让准教师们去经历这样一个过程：从体验经验智慧到体验科学智慧和文化智慧。如果说学习经历在他们身上打下烙印，使其带着以往的实践经验去过滤所教所学的教育科学理论，那就应该尊重这种实践经验，以其为教育理论的生长培养基。而非坐而论道、灌输考试等外在的东西。教育理论知识是为他们以后的专业发展打底子的，必须活化、有生命力，构建一种具有实践品格的鲜活的教师教育理论，也即化知为智。像怀特海所说"如果不掌握某些知识就不可能聪明，但你可以很容易地获得知识却仍然没有智慧"，知识必须像鲜活的鱼一样呈现在学生面前。大学执教老师必须对所教知识有不可遏制的热情，或具有把知识与个人经历联系在一起的技巧，吸引学生给学生以信心。而且要帮助学生发现自己、认识自己。实践证明，我们也不得不绝望地承认：有的人永远不适合做教师。这是我在带学生实习时必须面对的残酷事实。也许这个说法要遭到不少教育人士的反对，但很多教师教育家的研究也证明了这一点。没有性格和兴趣根基的知识或技能对学生没有什么作用，有的学生天生就对教育事业怀着热爱与憧憬，有的学生既不爱之也没有天分，有的人适合做老师，有的人显然不适合，这说明教师教育模式不能一刀切，幸而现在师范教育的"蛋糕"允许大家来分享了。

近一个世纪以来，教师教育经历了"重教师行为、重思想观念、重个人特征及人格特质"几个阶段。准教师的个人意识、情感、信仰和价值观渐受关注。如洛阳师范的"相似教育"、朱小蔓的"情感教育"，都注重学生情感—人文素质的培养，道德、智慧的养成。这方面的培养要贯穿职前教育全阶段，化知为智、为情。尤其是实践实习阶段的感受体验，热爱情感的注入，非常重要，能够让他们产生职业认同感，增进对职业的理解，通过对比思考以往，形成专业自我反思的萌芽。

另外，据我了解，很多师范大学的职前教育目标基本定位于教师职业的"入职教育"上。所谓入职教育，即为各级各类学校输送合格师范毕业生。"合格"的含义是什么？学生修够学分，通过英语四六级，拿到毕业证，走出校门，于是学校任务完成？如果不去关注学生未来的专业发展，对其入职后从教、发展情况也没有相应的信息反馈，缺乏从终身学习的角度对教师专业成长做出全程设计，何谈合格呢？而且，我认为毕业生职初阶段的困惑、需求、困难、经历等对师范院校、综合大学的教育学院是相当有价值的，我们把这些宝贵的东西忽视了。职初教育和入职教育是不太一样的。感觉上入职教育好似为手术做准备，进行器械的消毒整理、手术衣的穿着，是一种准备，牵涉一种外部标准；而职初教育则是一个过程，是自我发现发展、自我决定的过程，牵涉一种内部感受认同。这就是我关注问题的另一个层面，与职前教育密切衔接的职初教育问题。

它也是从我的教学工作、带实习的经历中生发的。为上好专业课，我常去小学听课。学院毕业生几乎每年都有去山师附小、附中任教的，这给我带来了便利。我以校友身份走进他们的课堂，听课、参与备课、讨论，进入他们的生活。在真实的课堂上，除了去实现我感受小数课的教学目的外，也观察、听取他们作为一名新手教师的成长经历，从新苗到新秀的成长过程。我与他们的关系不错，年龄差距不是很大，也没有隔阂代沟，他们大都把我当姐姐看。当然，更因为我没有在当所谓的研究者，"我来听课，是来感受课堂的，为上好我的小数教法课向你们学习的"。但是正如我在考北大前的个人陈述中所言："我感觉有种东西悬置在那里，我不明确那是什么，接触不到它。我与老师们的关系是亲近的，但也许正是这种亲近，使我不能跳出去用一合适恰当的视角与之对话，摆正自己的位置以及我与他们的关系。在和他们的交往、谈话中，不能抓取更有价值的东西。"我尤其是在研究方法上有欠缺，而对研究者来说，方法又那么重要，正如陈老师所言：对自己的方法进行反思，可以改进研究实践，使研究更有解释力度，而且增进对自己和对他人的理解。我如果要继续我的研究方向，必须在这方面补课。

与那几个年轻教师接触，我发现他们热情、肯干，接受新东西更快、更容易。相对而言，没有老教师"历来如此""还是原来的方法顺手"的心态与行为，更有改革的动力和兴趣，他们正处于职业的"蜜月期"。当然，他们也有着和老教师不一样的困惑、问题和坎坷。就我个人而言，更关注的是其大学四年学习经历的影响如何，其对所受教育的认同怎样，我想他们对教师教育课程和教学是有一定发言权的：哪些课程我认为好，有帮助；哪种教学方式比较有价值；什么样的教学管理模式比较适用，有效率？如果把他们的这些反馈带回大学，是不是有很大借鉴价值？

好教师之树是用其一生长成的，职前学习、成长经历、从教经历，尤其是头一两年的经历有着树之根基的地位，把这两部分衔接起来，建构职前职初教育之间的桥梁对大树之成长是很有意义的。

我的硕士毕业论文《论新课程理念下小学教师角色的转换》，现在看来，我很不满意。当初设计了问卷，但因回收率极差舍去，仅剩理论陈述和应然论证，从想当然的角度去做论文。几年过去了，我对该问题的关注一直没有变，新课程理念也逐渐深入人心，"教师教育"一词从2001 年首次以正式文件形式出现，取代"师范教育"，以其"完整、连续、开放、终身性"成为当前教育研究的热点。教师是新课程实施的最强生力军，也可能是最大的阻力。必须关注他们，听听他们的抱怨、焦虑和感叹。因为是他们在实践着新课程，在穿着新鞋子，如果新鞋不合脚，一天下来，他们得到的只能是一个个疼痛的水泡，又怎能指望他们心甘情愿、兴高采烈地大踏步前行呢？

综上所述，我认为自己自工作以来逐渐明朗的兴趣与关注点：新手教师的成长现实、师范学校及教育学院课程教学对其初执教的影响，如何反馈回母校，发挥它的价值，也是颇有价值和可行性的。当然，作为一个真正的可以动手来做的研究方向，它还显得模糊、宽泛，需再斟酌。

（二）研究之简单设计

对于模糊方向的设计自然是简单不具体的，我有两种设想。

第一种设计是以前考虑过的，要使职前职初教育衔接，实现桥梁的架构，首先有很多准备工作要做，比如：系统的教师教育理论，尤其是外文的最新理论；研究方法尤其是质的研究方法的学习，而不使自己在与职初教师交流时对事件的记录停留在浅描堆积层面上。通过两方面的准备工作，希望所掌握的理论有活力、生命力、亲和力，而不只是个人有亲和力；方法运用得顺利、恰当，把自己以往的经历梳理成形，开始新的研究。关于如何架构桥梁，把研究工作具体落实，有下面一个初步构思，极不成熟，有待改进，或全盘推翻。

引言："教师教育"进入视野，整合、开放、连续性。

现状分析：职前职初衔接不够。职前教育忽视学生经历，理论缺乏生长基；多技能训练，少情感陶冶认同；实习时间过短等。职初成长脱离"母体"（师范学校），倚重师徒制的同时丢弃了大学所学，新教师产生的困惑、挫折带来不适应等。

理论基础：待寻。

相关文献研究：待整理。

研究方法：借用质的研究方法、参与式观察深入现场，去接触要研究的人。历时会较长，从学生大三实习入手，访谈、调查、分析、结合其三年的学习经历，选取几个重点研究对象进行跟踪调查，如果不出意外，他们会顺利进入学校执教，继而进行田野式研究，观其入职和职初的适应状况、困惑与困难，收集其对大学学习的反思、批判、建议。由于我 2004 年带过一批学生去小学实习，2006 年冬又带他们中的同一批人去高校实习，期间让他们写了实习日记、座谈实习印象，而今他们毕业进入学校工作，如果能建立进一步的联系，将会是很好的研究素材！我感觉，这些人如何走上教师岗位，以及如何成长起来，是可以通过质的研究方法去追踪研究的。这样是否可以通过他们的教育教学实践把教师成长和以前在教育学院所学知识所起的作用结合起来做一个实证研究？然后在此基础上提出一些改革建议和理论见解。

结论与建议：待写。

第二种研究思路是听陈老师提到"教师实践性知识"课题后突然想到的，只是个初步设想，不知是否可行。既然课题要到学校实地去做，我想是否可以选取几个刚刚毕业的新手教师，或从师范大学毕业、或从综合类大学的教育学院毕业，研究他们的实践性知识？但想想又有些迟疑：他们是否具有我们称为教育机智的实践性知识？因为这种知识不是天生的，是在实践中生发的。可话又说回来，在课堂里待上一小时，就是在进行着教学实践啊，更何况他们有着自己的教育理论和虽然为时不长的教育实践，似乎又有可行性。极不成熟的想法，极其模糊，还请陈老师指点迷津。

（三）研究雏形的坍塌

虽然有了模糊方向、幼稚构思，但细细品味，问题多多，泄气之余难免怀疑自己能力和想法的可行性。

比如，我所构想的职初教师所提的关于教师教育课程与教学的建议，反馈回学校将有极大价值，但它有着致命的短处：短视问题和对理论的忽视。他们会只重视怎么备课、板书、做PPT，怎么管理捣蛋学生等，这也许是他们正处于教师的自我生存关注阶段，只关心"我能讲完讲好吗""学生会喜欢我吗"等等问题。显然，不能仅把这些技能作为教师教育的重点，它需要时间的磨砺，需要与深层次的思考沟通融合。但"理论无用论"在他们中间是很普遍的。我曾经问过一个年轻老师类似的问题，她很随意地说："没想过，上课谁还想大学学的那些东西，没劲！"理论和实践之间的关系问题是教育学界的常青树，常提常新，隔上几年就会被拿出来讨论一番，现今它又成为热点。理论究竟怎样摆放自己的位置？我承认理论的作用：理论有着温暖人心的力量，它把我们拉出自身，然后带回，而在带我们回来时，已经用珍贵的深刻见解武装了我们，使我们对问题的本性有了新认识。理论帮助我们识别实践，摆脱熟悉的束缚，用一种富有成效的方式动摇自己，以避免在一个划定的圈子里漫步，以致永远不会超越已在层面……多么振奋人心的话语！我们都认同啊。可是为什么偏偏到了实际战场上，这种振奋有时会失去力量，让人怀疑、不屑呢？说起来容易做起来难，我们善于用美好的词藻教人应如何，自己却只是描述而不落实。比如，我自己也只是这么为理论解释，但是我没有在中小学亲自上过一堂课，所以根本不能感受他们的所见所思，不能完全理解他们所说的理论无用……要想的太多了，不知该怎么表达，感觉这桥梁坍塌了。

再看第二个研究思路，类似的一些研究，像 Max van Manen 的 *On the epistemology of reflective practice* 这篇文章，把教师的实践知识称作一种机智，是在实践中生发、实践中表现、实践中加强的自动而不加思索的行为，这当然不是一蹴而就的，它需要时间，时间的流逝与历练造就了一个机智的艺术型的教师。那么，它在新手教师身上表现为什么，或者说实习教师、职初教师身上有没有这种由时间和实践积淀的"知识"呢？这个问题的回答与解决对教师教育显然有不同寻常的意义，但是我还没弄清楚，还处于懵懂混沌状态，也许是对那些外文文献还没吃透，道行太浅的缘故。

路漫漫其修远兮，吾将上下而求索。

[　　附上陈老师对我这次月总结的一段评价：很好，有一些思路了。但是似乎感觉你的问题还是很模糊，研究定位也不是很清晰。试着先想一个小一点的题目，可以做一个预研究，既可以作为作业，又可以使自己的研究定位更加准确。　　　　　　　　　　　　　　　　]

二、小组支持会讨论我的选题

　　小组支持会是陈门的优秀传统。除了陈老师定期组织的读书会、带有心理疏导性质的伙伴咨询以及不定期的谈心、游玩、聚餐，不断壮大的陈家军还用小组支持会的方式，让老生和新生间保持着联络和沟通。小组成员不是固定的，而是根据情况流动的。每次会议都是"支持"一位成员的研究，他／她群发邮件向大家寻求支持，定好时间地点进行汇报，愿意参加的成员听取之后一起讨论、出谋划策。这种群策群力的方式，让当事人听到不一样的想法、听到对自己想不通或者习以为常的观点的开导或质疑。效果往往就是，老生敞亮了思路，继续往下走；新生熟悉了研究套路，知道怎么走。组员们坦诚相待、思维碰撞，个人得到有益支持的同时，薪火相传为学术的继承和发扬做出贡献。

2007 年 4 月，开学这么长时间，我一场报告也没听，好像也没有什么可听的报告。每天似乎都匆匆忙忙，单是一周三次且都在早晨一二节的英语课就足以让人"心力交瘁"了，每天早起赶班车、在车上吃早点的日子真是很痛苦。不过虽然感觉没有什么独特收获，但是这周三中午的一次小组支持会还是给了我不小的启发。

我在会上向几个博士同门汇报了我论文的大概思路，很遗憾，从开学给导师说过后到现在还是停留在表面的混沌状态，深入不下去、总感觉无从下手。本来是想和目前的教师实践性课题结合起来，可是感觉更无从下手了，因为我自己都没有弄清楚到底什么是教师的实践性知识、新手教师到底有无实践性知识。而且从目前来看，课题偏重于经验丰富的教师，那怎么结合我的兴趣点呢？陈老师曾经给我一个很好的建议，但前提是我必须搞清楚教师的实践性知识到底是什么。所以，是不是干脆从研究新手教师具有的"知识"入手更好些？可是我不知道可行度有多少。

师姐们听了我的大致方向后，感觉我还只是停留在"提出问题"层面，只是提出泛泛的几个问题，缺乏根基。建议我搜集文献，看看别人都研究了什么，为自己的"新手教师"研究寻找理论依据、建立一个理论框架。像志明的韦伯理论、彩虹姐的身份认同、莉春姐的反思性实践等，我们要写自己的论文，必须给自己找到一个理论框架，以免大而空，更实际的考虑是答辩时委员们的质疑，这一点是致命的！我认同这一点，我也清楚认识到自己有这个不足，所有的想法都停留在表层，泛泛的观点，说出来就散了，没有凝聚点、没有神、没有根基。我知道自己的致命缺点，所以寻找一个理论框架是迫在眉睫了。只是要确定什么理论框架呢？因为支持会的时间太短，讨论也不够深入，大家只是泛泛地谈了一下，我比较认同的是这么两个意见：从教师的知识结构入手，看新教师入职前与入职后的变化；从教师入职后的"冲突"入手，对一个新教师而言，踏上工作岗位遇到的冲突是难免的，这些冲突是怎么样的、又是怎么解决的……似乎有些道理，寻求有关它们的一些理论论述，可以给自己的研究奠基。不过现在最急切的一件事是，浏览相关文献，看看新教师这方面都有哪些研究，大家都是从哪些方面进行研究的，思考一下我可以从哪方面入手。

我还提到这么一个想法，结合林小英老师的"质性研究方法"课的课堂作业做一个研究设计，先去访谈几个新手教师，听听他们的想法，看看他们的关注点，即先做个"前测"，了解一下他们的实际情况，看能不能自下而上地聚焦一两个问题。师姐们表示赞同，但苦于自己还没有头绪、没有做相关访谈的经验，所以访谈提纲、设计草案如何做，还没有着落，只能慢慢来了。进入状态如此之慢，如此费劲，但愿陈老师不会太失望……

三、想法的落实——两份访谈备忘录

说到就要做到，同时更是因为要完成"质性研究方法"课程的课堂作业，我围绕新教师这个主题在家附近的一所小学找了两个访谈对象。

（一）访谈于杰，2007 年 4 月 27 日

于杰曾是我的学生，所以有点"他应该配合我的"感觉，因此并没有征求他的意见，直接在我的私家车里进行了访谈。他曾是学生干部，很有礼貌，也很谦虚，访谈进行得还算顺利。但是我不知道这个已有的关系会不会对访谈的真实性或信度产生影响，比如，我做过他老师，对他有一定的了解，所以在提到他过去的经历时他是否会有一定的顾虑，可能会向我隐瞒他的真实感受。甚至是因为我做过他的老师，他才没有拒绝我的访谈要求。但是这些好像并没有对我的访谈过程产生影响，感觉还是不错的。倒是最后我爱人帮忙整理访谈资料的时候，他说读起来好有同感，于杰描述自己刚工作时的勤奋、积极、踌躇满志，跟他那时太像了。其实，访谈或者质的研究不也正是要追求这一点吗？让有类似经历的人产生共鸣，产生现象学式的效应。我研究新教师的体验，也正是怀着这种想法——"我刚工作时有什么感受？有哪些体验？心态如何？有何困难？状态怎样？成长历程是怎样的？"等问题，是新教师们在实现由学生身份向教师身份转化后不可避免要遇到的，把别人曾经有过的经历和体验与自己的对比，进而安慰自己，给自己信心和借鉴，算是它的价值吧。

在于杰的访谈过程中，我发现可能是做过学生干部的原因，他的口才、表达、思维都非常好，分析问题、自我剖析也很到位，自信和对现状的自豪非常明显，虽然他不止一次提到了"累啊""人际关系不好处理啊"，但是他也多次提到自己的成绩以及领导的欣赏。新教师刚开始工作这几年，必须要尝到成功的甜头，让其看到希望，而不是持续挫折、打击和受忽视，这对他们的成长是很不利的。

于杰对工作的最初感觉就是累，然后是反感学校的硬性规定，有抵触情绪，不愿意受约束，这对于一个年轻的男孩子是很正常的。而他给我印象很深的一句话是"无论到哪里都是零"，类似的"零"出现了好几次，与他数学教师的身份倒是很呼应，只是很遗憾，我在听录音时发现，我向他指出这个现象时，他试图给我解释，但是都让我给打断了，我一意孤行，没给他机会，结果让他以一句"前面再加上个一就好了"有点自嘲意味的话而结束。这给我敲了警钟，不要抢受访者的话，而是耐心听、仔细听、心无旁骛地听。我的话太多了，听录音听得我自己心里打鼓、头上冒汗（后来林老师对我这份作业的批注也有一句："感觉你的话比受访者还多！"真是惭愧啊），而且追问不到位，不会追问导致遗漏了一些宝贵的信息。

重新再看记录，试着给它编码，我突然惶恐起来，这是我要写的新教师的成长体验吗？这是我要得到的东西吗？体验究竟是什么？它表现为什么？我应该问什么、观察什么？我必须首先透彻了解这个词。

杜威在 1934 年以心灵（mind）的概念来论述个体对于生活世界的认识作用，他认为"心灵是一个动词，人们在所处的情境中，透过心灵有意识地表达而发现了自己，进而认识了这个世界"[1]。因而，心灵并非是一个独立存在的实体，而是与情境及特殊事件，以及个人实践的、理智的、情感的目的息息相关，故心灵是一个动态性的存在。体验不也是如此？它是个名词，即情感经历的积淀；也是个动词，即情感经历的过程。它是一个过程，但这个过程把体验到的东西积累积淀下来，而且

---

1 约翰·杜威. 艺术即经验[M]. 高建平，译. 北京：商务印书馆，2005：263.

是极富情感色彩的积淀。体验总是和情感、感受、感觉有关的，此在和已在，是正在发生的和正在影响的，以及已经影响的。

（二）访谈丽娜，2007 年 4 月 29 日

丽娜一直叫我姐姐，去年年底曾经访谈过她一次，非正式的，边吃边聊，我也获得了非常丰富有价值的东西，所以沟通没有问题。但是我有一个心结，让自己挺尴尬的。那就是我从两年前认识她以来，听她的课、和她吃饭聊天，从她那里得到了很多宝贵信息或有意义的素材，感觉有点姐姐"剥削"妹妹的味道。不过，这次访谈一开始，我就向她说明，我把上次两人谈的有关数学教学的内容写了一篇文章，加上了她的名字，发表在《小学数学教师》上。她很高兴，我也仿佛卸下了一个重担。

访谈不是很顺利，因为我把访谈提纲落在车里了，想好的问题有些记不起来了，只能现想，问得也比较乱。在进行到大约一个小时的时候，不知是因为她有些烦躁，还是我问的问题她不太喜欢（她后来说她觉得跑题了，问起她在幼儿园实习的情况了），所以她直接问我："姐，你到底要问什么啊？想知道什么啊？"这让我挺尴尬的，一时不知该怎么回答才好。干脆就顺着她的话，再问她："你觉得我还应该问什么啊？"没想到，她给我提了几个围绕她成长进步的话题，都蛮有分量的，也很有价值，对我帮助很大，真的很感谢她的质问和建议，让我认识到自己的不足，又给我敲了警钟：一定要做好准备，千万不要忘了拿访谈提纲，最好是对提纲了然于胸，虽然可以不完全按照它走，但它毕竟可以让你有个清晰的思路，能指引你的方向，而不至于漫无目的地聊，这样会让访谈对象不舒服。

在和丽娜访谈的过程中，我突然意识到：我是不是有必要对我的研究对象做个区分？因为我发现做过学生干部的人，到了工作岗位以后，以前做干部的经历让他经常和老师领导打交道，他的人际关系、口才与表达能力、大方与敏捷的反应、有条理的思维等，应该都是和同在一个

岗位上的普通毕业学生不一样的。丽娜和于杰都是极优秀的学生干部，毕业后都进入了本市最好的小学，对他们的研究不能不考虑做学生干部经历的影响。他们两个人有很多共同点，如下：

第一，两人都做过学生干部，而且从中学就开始，经历的锻炼很多，很成熟，表达能力极强，言谈、思维都很自信，比较有优越感。以学生干部的身份毕业，再加上学院领导推荐，所以一工作就得到小学领导的器重和赏识，得到很多好机会。而且因为有了这种经历，他们实现角色转化的过程都比较顺利。

第二，两人以前都没有想过要做老师。前者根本就不太想做老师，他的兴趣是从事行政工作，也认为自己的长处是行政。后者则是先干这一行又爱那一行，然后意图才变得坚定，就是爱孩子，喜欢做老师。

第三，在被问到"你的教育理念是什么"时，都快速否认：我没有什么教育理念，没想过。在他们脑子里，教育理念就是书上写的或者专家倡导的条条纲纲，一些书面上的东西，离自己很远。虽然他们都是教育专业出身。

第四，他们的成长过程都比较顺利，所以都取得了一定成绩。所在的小学给予他们的机会非常多，前者可能在性别、外表上更占优势。新教师的成长离不开领导的重视、学校的器重、机会的给予，他就像一粒种子，需要外界的阳光和水分，否则就可能衰弱下去，一辈子平平淡淡、甚至平庸下去。机会非常重要。

第五，教师语言同化比较突出。"孩子"是两次访谈中出现频率均非常高的一个词，而且其中透露的爱惜、喜欢的情感表露无疑。前者虽然是个男老师，但他说到孩子的时候，语气也是很柔和的。

当然，可能还有。

对于丽娜，让我印象很深的是她很自觉地、有意识地把自己现今对教学的态度，尤其是对学生的态度，跟自己以前的学习经历联系起来，她以自己老师对待自己的方式来对待那些孩子，"我就是在回报我的老师""那种感觉真好""被人忽视的感觉是很不好的"，看得出，她是真心爱那些孩子的，从学生给她的感动的例子也能看出来，学生感觉到了这份爱，也在回报她的爱。作为一个年轻的、没有结婚的女孩子，有这样的感情、这样的成绩真的是很让人佩服。这个发现坚定了我以后在访谈女教师的时候，让她们写或说成长经历的打算，甚至想和她们一起写写生活史。刚读过的一本书《教师个人知识管理》里面也提到了生活史对职前和职初教师研究的重要性。

　　丽娜是有能力的，取得了如此好的成绩，虽然她不认为自己有灵气，但是她的自信和自豪流露于话间。"有一颗感恩的心"这个品质让她的领导一直很器重她，给了她一次次的好机会，甚至给如此年轻的她送课下乡的机会，在她上砸了一次公开课后又给她一次机会。一次次的历练把她雕琢成一位优秀的年轻教师。这充分说明了领导的重视、机会的给予对一位新教师成长的重要性。相比之下，另一位和她同龄、同一年工作，但身处该小学的郊区分校的老师，由于没有这些机会，成绩平平。从丽娜的讲述里能够听出来她的优越感。工作的前几年可以说决定了一个新教师整个教师生涯的色调与方向，它是明亮的、上升的，还是因没有什么色彩和变化而黯淡、下降，这一点太重要了，值得学校领导重视。另外学校给新教师配备的师傅也很重要，当然这一点已经受到了各个小学的重视。

　　对丽娜的这次访谈，我最大的收获就是，借由我对她两年多的了解，在熟读关于她的所有田野笔记以后，一首小诗从我心里流淌而出，勾勒出一个年轻女教师的形象：

不知不觉我就做了老师
看着那一群天真无邪的孩子
叽叽喳喳　无忧无虑
我还没结婚呢
就仿佛已经体验到了妈妈们的心意

我想证明自己
让他们知道
要我是正确的
可是教材把握不准 挖掘不深
我总是忐忐忑忑 怕误人子弟

工作好累
我真的很拼
每天跟在师傅的后面
不耻下问
我的听课笔记有那么高 没人能比

有一个好的领导
给我很多机会
上公开课 一层层地扒皮
失败总是难免 我也很在意
但我一定要出人头地

慢慢的 我竟然真的
获得了很多荣誉
取得了别人艳羡的成绩
最初的劳累与忙乱
似乎都已经离我而去

我知道
与那些优秀教师相比
自己还有很长一段距离
三年眨眼已经过去

未来在自己手里

不过我觉得自己挺没出息
就想好好做一名老师
和孩子们在一起
他们喜欢我　也愿意和我一起
这就是我最大的目的　我愿意

四、新学期改变论文方向

2007 年 10 月的汇报，断断续续，分成了好几块写完，有围绕论文的思考，有读过的书……值得宽慰的是，找到了坚实的理论基础。

（一）把论文方向改为从师徒制角度切入

这个学期进入状态特别慢，从九月开学至今，似乎就没有静下心来坐在那里安静地做一件事、想一些事情。上课、评估、出差、开会……似乎所有的事情都挤在这个学期的开头了，有物质上的、身体上的，更有精神上的压力。论文方向的改变，让我失去了方向和确定感，不确定感是焦虑的主要来源。原来的新教师方向虽然也不太明确，但是我至少是给了自己一个定位，让自己有了一定心理保障：我有努力的方向和做准备的方向。暑假里考虑到研究方便的问题（所驻课题学校没有我准备研究的新老师），我萌生了改研究方向的想法，把新教师改为师徒制，因为这样可以和所做的课题结合起来。现在及将来的一年时间里课题会占用自己越来越多的时间和精力，如果能把论文方向和它结合起来做，会让自己"效率"高一些吧？否则，两个都可能做不好。大范围定下了，可从哪里入手呢？师徒制如此之大，又如此之泛，如何定位？从共同体、从人际关系、从情境学习理论……？而且我只是在想，还没有真正接触过几对师徒，所以，后果就是一想起来，心里就突发一阵紧张，冒汗焦虑起来。一年都过去了，二年级应该就综合考试了吧？必须重视起来了。

（很惭愧，那日从杭州去沪开会的路上，陈老师问起我有关师徒的想法，我脑子里其实并没有什么系统的观点和见解，那日的困窘和难过以及晕车导致的恶心现在还记忆犹新。）

现在要做的就是大量读书，查阅有关资料，围绕师徒制、师徒、新教师培养、青蓝工程等检索资源，不能再偷懒，只把大量的资料放在电脑里不看。要先大致了解一下国内外有关师徒的论述，他们都是从哪些方面入手的，有哪些结论，有哪些未尽的、未涉及的方面，尽量先做文献综述。其实，这一个方向也可以和原来的新教师方向结合起来，新教师如何在这个共同体里成长？情感因素和人际关系在师徒的交往中占多大比重？整体化、情境式的传授和学习是如何进行的？

（二）找到理论基础

刚看完《共同体》[1]，一本小册子，开头很有意思，只是中间和后面全是与经济和政治有关的内容，看得不是特别明白，但其中不少只言片语挺有意义。在"序曲"里面，作者提到"词都有其含义：然而，有些词，它还是一种感觉（feel），共同体（community）这个词就是其中之一。共同体给人的感觉总是不错的；无论这个词可能具有什么含义，'有一个共同体'，'置身于共同体中'，这总是好事。"然后，他进一步解释，"共同体之所以会给人以不错的感觉，那是因为这个词所表达出来的含义——它所传递出的所有含义都预示着快乐，而且这种快乐通常是我们想要去经历和体验，但看起来又可能因没有而感到遗憾的快乐。"共同体是一个温馨的地方，一个温暖而又舒适的场所，是一个家（roof），在它的下面，可以遮风避雨；又像是一个壁炉，在严寒的日子里靠近它，可以暖和我们的手。在共同体中，我们可以放松起来，因为我们是安全的，我们相互都很了解，我们可以相信我们所听到的事情。对对方而言，我们相互之间从来都不是陌生人。我们可能也有争吵，但

1　齐格蒙特·鲍曼.共同体[M].欧阳景根，译.南京：江苏人民出版社，2003.

这些争吵都是友善的，都是在改善我们共同的生活这一共同心愿指引下的。在共同体中，我们互相依靠对方。我们的责任，只不过是互相帮助，而且，我们的权利，也只不过是希望我们需要的帮助即将到来。

"谁不希望生活在一个可以信任的、他人的所言所行可以被我们依赖的、友善的、心地善良的人群之中呢？"（序曲）但我们生活在残酷无情的时代里，一个竞争的、追求胜人一筹的时代，一个流行"多元文化主义"这种"意识形态终结的意识形态"（p157）的时代，一个到处是不确定性的世界，一个"共同体瓦解了，身份认同才被创造出来（p12）"的世界。在作者看来，身份认同是共同体的一个替代品，但在我们这个迅速被私人化、个体化和全球化的世界中，无论哪一个都是不可实现的，也因此能被安全地想象为充满确定性和信赖的舒适的庇护所，成了人们热切追求的东西。"致力于探寻身份认同的生活，是充满争吵与愤怒的生活。身份认同意味着引人注目：它是与众不同的，并通过那一与众不同（差异）而成为独一无二的，因而追求身份认同只会造成分离与脱离。然而，个体身份认同的脆弱性和独自的身份认同建立的不稳定性，促使身份认同的建立者们去寻找他们能拴住个体体验的担心与焦虑的钉子，而且在这之后，在其他有类似担心和焦虑的个体中，举行驱魔（exorcism）仪式。这种钉子共同体（peg communites）是否能提供希望他们提供的东西，即针对个体面临的不确定性的集体性的保障，还是一个尚可讨论的问题。但毫无疑问，肩并肩地沿着一两条街道前进，与他人一起翻越障碍或在拥挤的壕堑中结为一体，这些东西确实可能提供一个消解孤独寂寞的喘息之机。"（p13）

总之，鲍曼认为，现在，共同体难觅踪影。共同体意味着的并不是一种我们可以获得和享受的世界，而是一种我们热切希望栖息、希望重新拥有的世界。它是一个失去了的天堂，或者说是一个人们希望还能找到的天堂。

封底的推介语，总结了本书的精华：要成为共同体中的一员，就要付出代价。共同体允诺了安全感，但同时也剥夺了我们的自由。确定性和自由是两个同样珍贵和令人渴望的东西，它们可以或好或坏地获得平衡，但不可能永远和谐一致。确定性和自由、共同体和个体之间的冲突，永远也不可能解决，但我们可以对存在的机遇和危险做出评估，至少可以避免重蹈覆辙。

结合温格的 *Community of Practice*《实践共同体》[1]，里面提到的实践共同体三要素与合法的边缘性参与，可以作为我论文的理论基础，尤其是后者，可以拿来当分析框架，去分析新教师在学校中的学习和参与情况。不过，冷静思考一下究竟什么是共同体，共同体是什么样子的，这么一个关键的概念竟然在混沌之中——看的几本书中意见是相左的，让人无从取舍。比如，温格说，共同体无处不在，每个人都或多或少归属于某几个共同体；而腾尼斯[2]说，共同体是古老的，社会是新的。共同体是一种原始或者天然状态的人的意志的完善统一体；鲍曼则认为，共同体是一个失去的天堂，在其中，确定性和自由不能兼得。而身份认同则是因为共同体瓦解了、不存在了，才被造出的一个替代性词语；何梦笔（2004）为胡必亮的《关系共同体》所写的序言中提到，现有关于共同体的大部分负面评价都是与"共同体是封闭的社会结构"这一假设前提相联系的，因为它们都是基于一定的会员制规则而建立起来的，也就是说，共同体总是将不同的人群予以区别对待。如此种种。

在我眼里，至少凭第一感觉，共同体总是好的，总是给人以安全感的。但正如鲍曼所说，你要了确定性，你就不可避免地失去一定的自由；你要自由，就不能追求心仪的确定性。共同体总是一个给人以"求同"趋向的词，但温格特别强调，共同体是异质的，它也不总是积极的。所以，对于共同体这个概念的界定，需要我再下一番功夫——如果我准备把实践共同体有关内容作为一篇资格论文的话。

1　Lave J & Wenger E.（1998）. *Communities of practice: Learning，meaning，and identity*. Cambridge：Cambridge University Press.

2　斐迪南·滕尼斯. 共同体与社会 [M]. 林荣远，译. 北京：商务印书馆，1999.

鲍曼和温格的这两本书对我影响很大，给我的论文奠定了基调，或者说成为我论文坚实的理论基础。而且相对而言，鲍曼的书让我产生了强烈的情感认同，它说服了我、抑或说打动了我，把新教师成长的学校视为一个实践共同体，成为对年轻教师而言带有暖意的背景。虽然它是外国人的论著，但挺有中国特色。而温格的书为我提供了分析框架，不至于在田野漫无目的地东拾西捡，实践三要素、参与和固化、合法的边缘性参与等都为我收集和分析资料提供了强有力的抓手。

五、令人焦虑的新学期开始了

当时的备忘录，开头一段挺有冲击力，十几年后的今天，回想起来，依然唏嘘不已。2006年的那个春天，爱人陪我去北大考试，我坐在考场里奋笔疾书。如此种种，历历在目……貌似跑题了，还是回到正轨吧！

时光飞逝如电，竟然就到2008年了！仿佛昨天我才和爱人走进北大体育馆取邮寄的行李包裹，他把被褥包扛在肩上，像个打工仔一样陪着我经过三角地……回想年初的这两个月，都做了什么呢？分成三块来写吧！

（一）关于论文

是论文思路，还是论文大体设计？反正都是让我头疼的事情。当初因为有个大体的方向：新教师，再加上林老师的课，我一举两得写了一份论文设计，好像当初并没有这么焦虑和不安。但是修改了论文方向后，又提不起精神或进入不了写作状态。到底围绕着师徒的什么来写呢？师姐给我一个建议，让我从新教师如何从师傅那里习得实践性知识来写，结合课题开展研究，只有这样才不会分散精力、不浪费资源。可是，这个课题能写好吗？如果就按照陈老师的六个框来写，那又牵扯到这个让我头疼的问题：理论框架在哪里？我要用什么理论作为支架，建构起那么巨大的一个工程呢？

倒是想起一个题目：实践共同体下的共同学习——师徒交往的视角。

并写了一个简单的设计，有两条思路往下做，不知可行性如何。

（二）面见导师

手里拿着画出来的草图，向陈老师汇报了我的大体构想。回来后听自己的录音，感觉并不是很清晰，只是把共同体和合法的边缘性参与等理论拉过来想用在自己的论文里，其实说实话，我对它们还不算熟悉，只是略知皮毛，如果只是硬搬，是不会有好东西出来的。就像陈老师说的，多看、多想、多用，熟悉了才会融会贯通，进入那个语境里面，才会看到什么都能经由联想回到语境里面。不管是我的第一条思路，还是第二条，共同体和情境学习理论都是我需要掌握的。陈老师让我先做着，慢慢进入状态，等待资料收集，然后再决定用哪一条思路。当务之急是必须先把师徒的文献做出来。

（三）写出两篇文章

给《中国教师》投了一篇文章，关于教师意象的。[1] 之前陈老师看后，给了一段批注：

我记得我们课题组曾经在会上给你提了，需要从大的社会制度去分析教师的观念，而不仅仅就事论事，甚至将教师作为替罪羊。（顺便提一句，我发现好多次，我和其他课题组成员给你提的建议你好像都没有采纳，你好像有自己学习的步骤和习惯——这也让我反思：教师对学生的帮助应该如何提供、应该采取什么样的节奏、应该期待什么样的效果？有关"新教师的定位问题"就是一个例子。你是否可以把这个问题也写一篇东西，给我看一下？上次写的感觉比较浅，而且缺乏结构。刘老师也提醒我说，那天我们专门与你开会讨论这篇小文的写作，但我们的建议你都没有采纳——很有意思！）

---

1 王红艳."意象"——研究教师实践性知识的一个视角——以"小苗苗"和"大白菜"为例[J].中国教师.2008（05）：40-41.

陈老师的批注让我想了很多，也许真的是这样，有时我不能虚心采纳别人的建议。在别人给我提意见的时候，我往往更喜欢停留在自己原来的所想里，下意识地觉着这些建议或意见不妥、不合适，还不如自己原来的，敝帚自珍。但有时候，我也会欣然地采纳别人的建议，融到自己的话语或文章里。那么，何时我表现为前者，何时表现为后者呢？我不太清楚，感觉并没有什么明确的界限。当我有了自己的大思路时，就只能接受小细节的改变？当我被说服时或者被"逼迫"强令做出修改时，我才会全盘推翻原来的打算、克服惰性和敝帚自珍的心理，重新思考问题？

同样的问题也出现在第二篇有关叙事分析的文章里。[1] 谢谢陈老师给我提的那些建议，我相应做了几处修改。下面呈现老师提的问题和建议，以及我的回应。

（1）在叙事研究中，对叙事资料的分析主要从整体—部分、内容—形式两个维度进行。这是一种说法？应该说明来自什么人，并标明出处。

——这是很多研究者都认可的分析维度，包括普通人思考问题也往往都从整体—部分的辩证角度入手，没有哪个人或者到底有没有人具体发明了这种说法，很难做详细的注释，我就直接用文后的参考文献作为解决办法了。还应该再做审慎调查。

（2）叙事分析的整体与部分、内容与形式维度，这两个维度各属于什么类别，整体与部分是内容的一种分类吗？

——好像它们不隶属于什么类别，是独立的，但可以互相交叉，维度就是我们惯常用的思考角度，就像有人是整体式思维，有人是部分式思维。而内容与形式又是一种独立的维度：是专注于文本或话语"说了什么、怎么说的"。可以在关注内容时采纳整体或部分式思考，也可在关注形式时采纳。

1　王红艳．叙事分析的整体—内容视角——以分析一位教师的叙事为例[J]．山东师范大学（文科）学报．2009，54（02）：59-63.

（3）你对整体—内容分析法做了详细的介绍，并辅以案例，即分析一位教师的叙事。为什么只用这个方法？

——说实话，是因为其他几种我用目前的资料很难做。整体—形式分析需要完整的生活故事，从个别词语、情节发展等"如何说"的基础上去得出结论：故事是前进、衰退还是稳定的？甚至为访谈对象绘制人生轨迹曲线图。类别—形式分析要求非常完整和原始的访谈资料，以分析用词、叙述方式、语词重复、强调等。不过类别—内容分析可以做，把手头几位老师的资料打乱，提炼出一个或几个类别，交叉分析、比较，得出结论。我争取试试看。

（4）对主题的分析不够，应该分别对主题的内涵、层次、各部分之间的关系、教育学意义等进行深入分析，并分析不同主题之间的关系。现在感觉太像好人好事。

——我一时把握不了陈老师的意思，各主题来自教育理念、对学生的看法、教学方法或策略等，它们之间有内在联系的。要如何分层次呢？像规则、原则、意象那样吗？我需要思考几天，再做修改。"感觉是好人好事"，这个感觉是大家从一开始看到我的资料分析就得出的印象，是这个刻板印象产生的晕轮效应呢，还是我太刻板地认为研究对象张老师就是这样呢？我觉得就是把我看到的、我想到的写出来，当事人的感受真的和旁观者的不一样。但旁观者清，我应该认真考虑一下这个问题。

假期过完了，但似乎所有的任务都没完成，令人焦虑的新学期又开始了。

六、重写两种研究思路

2008年3月7日，把跟陈老师谈过的两个研究思路重新整理了一下，先写下来再仔细琢磨。有了米就不犯愁。

（一）第一种研究思路——从师徒交往的视角探究实践共同体中的学习

思路链接：基础教育；新教师；师徒；师傅；实践共同体；合法的边缘性参与；情境学习理论；第一型、第二型使用理论；教师文化；自我意识概念；归属；交往；实践性知识；生活故事。

1. 研究目的

帮助新教师的成长：新教师阶段，通常被教师发展理论研究者界定为"求生阶段"，教师职业生涯的头几年，尤其是入职初期，是新教师从事教学专业工作的关键适应期。由"在教育专业学习的学生"成为"学生眼里的教师"不仅是表面上的角色转换，也几乎是一个脱胎换骨的社会化过程，就像是一个人到了一个新的部落，需要知道那里的风俗、规矩和文化一样，新教师也需要去适应一种新的环境，找准自己的位置站稳脚跟，慢慢积累经验使自己成长起来。而这个成长过程不是孤立的、封闭的，是在一个（学校的）实践共同体中，与同事、学生、各种社会因素相遇并发生关系的过程。其中，新教师与其师傅的交往可以说是非常重要的一个促其成长的因素。新教师如何在获得合法地位后逐渐由一个边缘性的参与角色到进入学校的教师圈子？在这个进入的过程中其师傅扮演着什么样的角色？学校里的教师文化是如何影响他的？与师傅的交往过程是怎么样的？他是如何学习成为一名真正的教师的？这种学习是怎样一个状态和表现？在这个过程中他的自我意识、自我概念处于怎样的状态？等等。诸多问题的回答与否、合理与否，对研究新教师的成长大有裨益。

促进师傅的发展：只有那些被学校认可、经验丰富、教学成绩良好的教师才有资格带徒弟。学校期待他们能把初入职的年轻人赶快"带上道"，使其适应工作和学校环境，尤其是教学日常工作；同时也希望学校里优秀的教师文化能够传承下去。对新教师而言，行家（师傅）手里有非常宝贵的可资学习的直接经验，该如何学习？对师傅而言，他的智慧往往非常个人化，甚至是隐秘化的，或者是其日用而不知的。通过带徒弟的过程，他需要把缄默的个人知识和经验，即他的实践性知识，外显化、系统化、可视可学化，而这些"化"的过程其实也是助其进一步发展的过程。"教，是最好的学习方式"，即使有的师傅们自认为不需要学习，但谁也不愿意把自己的"锦囊妙计"带入坟墓、后无传人。况且，当今时代已是"后喻文化"时代，徒弟身上也有一些值得师傅学习的地方。而对那些正值职业生涯上升或高峰期的教师而言，带徒弟的过程更是一个检视自我、精炼自我的过程。

对学校教师群体的促进作用：师傅和徒弟每天浸淫在学校的教师文化中，教师文化、学校的实践共同体构成了非常重要的"成长基地"，对新教师而言尤其如此。学校的教师文化是个人化的、分化的、合作的还是硬造的？一个新人的加入，对这个群体会有什么影响？代际间的相遇会发生什么样的故事？实践共同体中，每个人都是参与者，共同合作、拥有共同承诺和共享的知识库，新人作为一粒石子投入其中，会激起什么样的涟漪？个人的发展，如果站在整个教师群体的高度来看，应该也会起到一种催化酶的作用。

对师资培养和教师教育的作用：师范生培养；教师的成长环境创建……

2. 粗略的研究问题

新教师如何在获得合法地位后逐渐由一个边缘性的参与角色到进入学校的教师圈子？在这个进入的过程中其师傅扮演着什么样的角色？

在学校的实践共同体内，师徒的交往过程是怎么样的？徒弟是如何学习成为一名真正教师的（模仿、刻意同步、内化与外化……）？师傅是怎么进行指导、外显其实践性知识的？在这个过程中师傅与徒弟的自我意识、自我概念各处于怎样的状态？

从实践取向入手分析的话，师傅和徒弟的学习与发展可以勾勒出一种什么样的画面？这种学习如何改变学习者本人？

3. 文献综述框架

师徒；师傅；教师学习与发展理论；实践共同体与合法的边缘性参与理论。

4. 理论框架

理论家是人类现象的观察者，他们建构出来的不同学术理论是不同的描述系统。如果一群相关的概念像是一张白纸上分明的数个黑点，将这些点连起来便呈现出一位理论家所看到及建构出来的世界——理论框架。

框架关键词：实践共同体；合法的边缘性参与理论；学习的社会理论；情境学习理论；第一型、第二型使用理论；教师文化；实践性知识。

5. 案例分析，批判与整合

6. 结论

（二）第二种思路——从实践性知识入手（题目待定）

1. 知识、实践性知识概述（界定、意义）

重点在突出实践性知识的内隐性、身体化和情境性。

2. 师徒制概述

文献综述、重点突出在师徒交往的论述中缺乏实践性知识这一视角。

3. 新教师与师傅的相互适应与交往合作——实践共同体

4. 从实践性知识入手分析新手教师与师傅的个案

分开讨论、对比分析。

5. 从 knowledge-for-practice，knowledge-in-practice 与 knowledge-of-practice 理论中关于新教师与 mentor 之间的关系入手分析讨论个案

6. 批判结论、建议

现在来看，第一个研究思路"从师徒交往的视角探究实践共同体中的学习"后来是被承继下来的，新手教师、实践共同体、情境学习理论与合法的边缘性参与、师徒都成了博士论文的关键词。自此，研究方向正式确立下来，接下来的工作重点就是准备资格考试了。按照北大博士毕业要求，中期考核即资格考试要交四篇论文，分别是围绕研究问题的文献综述、理论基础探讨、所用方法论，以及相关的一篇自选论文，并选择前三篇进行现场答辩，接受老师们的质询，以判定你是不是有着手做论文的资格。

七、着手写资格论文

按照北大博士毕业要求，这几个月就一直在忙中期考核即资格考试这个事情。2008年5月9日下午，陈老师和爱人金老师经过我宿舍，专门过来给我指点迷津，讨论我的两篇论文；6月2日在读书课上汇报了一篇论文，接受大家的"审判"和质询；6月11日，小组支持会又深入讨论了有关研究方法的论文。怀着感恩的心整理了这几日的备忘录，以此做纪念。

（一）方法论论文：《我如何判断我的判断为真》

因为我的论文不可避免要运用质的研究方法（或者说叙事研究？），初步定小标题为"我如何判断我的判断为真"，大的题目待定。拟从研究方法角度（质的研究的真实性）进行。计划以三个叙事片段为开篇并作为桥梁贯穿全文：首先我判断研究对象（新手教师的师傅）采纳了第一型行动理论；进行访谈和观课以判断我的判断；站在旁观者的角度，结合读书课上成员的讨论进一步判断这个判断。以此，探讨研究者如何把握研究的真实性？由谁来判断真实？研究者的真实和研究对象所承认的真实之间有何张力？子非鱼安知鱼之乐之悖论始终贯穿在研究过程之中。正如我们的课题研究中，你怎么知道你和老师互动交谈之后，他表现出来或者说出来的"实践性知识"就是他原本具有的呢？研究者介入后，介入干预（准确的说是影响）之下生成的东西是谁的？这个东西还是客观真实的吗？如果不是，我们研究老师们自己的实践性知识何为？

为何？

陈老师那天在宿舍给我的建议如下：有关真实性的探讨有哪些流派，其中，实证性研究的看法如何，而质的研究是如何判断的；三种存有学范畴，重点在第三种；我作为研究者，秉持质的研究路向，价值观、立场、拥有话语、所在场域都会影响我对研究对象行为的判断；理解如何可能？真理如何达到？我需要结合师徒案例，说明我如何得出我的判断，分析我的判断与师傅的看法迥异的原因，并反馈给师傅，通过对话与再观察、与徒弟的对话，再进一步验证自己的判断。

而我在读书课上围绕《我如何判断我的判断为真》做了"研究有效性"的小报告后，本来想写个心得的，把大家给我的建议梳理一下，并把自己的汇报思路和心理体验写下来——比如在被问到"效果历史"是什么时，搜肠刮肚也不能清楚解释的紧张感，但是我懒得动笔。而且我感觉大家提的建议（比如感觉文章没写完）似乎并不符合我的初衷，我的意图就是以案例为依托来讨论如何判断研究者所做的判断是否有效，有什么判断标准，为了达到有效需要做哪些工作，而不是去详细和稳妥地解决案例本身存在的问题。就好比医生以一个病灶为讲解依托，展示它的起因、表现、诊治建议、问题对策，重点是向实习生展示病理的分析过程，而不是"治病"。不知这个类比合不合适，但我终归没有按照大家的建议走下去，因为如果这样做的话，可以写成一个大的研究报告了，我只是想做个方法论的文章。陈老师回复说如果我想深入研究下去的话，可以认真思考大家的建议——我再斟酌一下吧，看时间和精力。

（二）理论基础论文：合法的边缘性参与

6月11日，读书课照常上，只是似乎感觉这学期读的书少了许多，留下深刻印象的只有自己准备导读的英文版 *Communities of Practice: Learning, Meaning and Identity*，厚厚的一大本，很难啃，虽然之前看了一遍，但并没有多少印象。外文书看过以后，往往不能给我留下一条清晰的线，总是零零散散的片段。这次看书仔细了许多，也捕捉到其中的不少精华，写了读书笔记，也上网查了一些相关资料，我准备以此为主题写中期考核论文，作为理论基础论文。另外还有两篇论文，分别是"实践共同体三要素"和"合法的边缘性参与"。中午的同门小组支持活动对后者开展讨论，提出了很好的建议，结合我自己的思考总结如下：

第一，应该有个前言或者引言，提出研究问题，以便和第一篇实践共同体的理论基础论文中的内容建立联系。最好对研究问题有个文献综述，比如既然要研究师徒、尤其是徒弟是如何在师傅的（有形与无形的）影响和支持下，慢慢进入教师实践共同体，那对于师徒制方面的研究文献就应该介绍一下，说明为什么要把实践共同体和边缘性参与理论等整合在这里作为自己的理论基础。（我想我作为资格考试的文章里有一个关于师徒的文献了，这里还要放吗？对于研究问题，是要把它作为文章的开始，介绍以后再来谈理论吗？我都还没思考清楚……）

第二，感觉好像湮没在资料里，没有找出一个主线把这些散葡萄拎起来。（我想，可能是因为我没有把研究问题介绍一下，没有个题眼在这里？）

第三，可以把重点放在徒弟的参与上——合法的、边缘性的参与。

第四，感觉研究师徒制的话，好像重点在这两个人身上，用实践共同体怎么用呢？（我认为是把它作为师徒活动的背景，看来有必要介绍一下。）

因为时间短，没有展开深入讨论，但这些就够我消化的了。

（三）文献综述论文：师徒制

电脑里有很多很多关于师徒制的资料，我整理了很久。近日又从网上下载了一篇专门从教师专业发展角度写师徒制的硕士论文，给了我一些启发，也帮我扩展了文献。如果从教师教育的角度来探讨师徒制，是否是一个比较有价值的视点？正如我在申请"教育社科医学研究论文奖"

的陈述里所写的：目前所提倡的教师教育几乎都是站在"教师本人"之外进行，采用外加的教育和培训形式，即便是教师的参与式培训，也多是从外部入手。而如果我们把关注点放在师徒制上，就会带来一种根本性的转变：从教师本人的问题入手，真实与贴切，"大和空"让位于"小而实"。所以，本选题力图在即有研究成果的基础上，把实践界习以为常的研究现象——师徒制——置于实践共同体脉络下，真正走进师徒双方，勾勒双边的学习成长图景，最终希望能把师徒制提升为一种正式的、有效的而非民间依照惯性发展的教师教育"制度"。

还有一个思考：师徒制是一种制度吗？它与班级授课制有无可比性？班级授课现象其实在夸美纽斯提出班级授课制之前早已存在，只是在他系统论证和宣称之后才普遍化，师徒制是否和这有点可比性呢？师徒现象早已有之，但只是在 2000 年前后才被教育界重视和系统研究，可能还没有像夸美纽斯这样的人物出现，把它规范化、系统化？这只是一个联想或者是突发奇想，有待斟酌。

八、2008 年通过资格考试

　　2008 年 7 月 13 日下午 13 时，现在来看，应该算是我读博生涯中的一段关键时刻。

　　四万多字的四篇文章接受了六位老师的"审判"，算是获得了正式做论文的资格。本来是要一鼓作气好好想想开题报告等接下来要做的事。可是一旦考过，脑子里的弦松了很多，竟然片刻也不想想它——只想什么都不想，去逛逛街、会会朋友。而且脑子里似乎一片空白，不知道要怎么开始想。但备忘录必须要写，先把老师们的一些判语整理一下吧，不能让这么一个关键事件白白溜过。

（一）关于质性研究效度问题的方法论论文 [1]

　　老师们的问题有：

　　如何把西方理论"拿来"用？文章给人的感觉是在理论中没有跳出来，"我"的观点是什么？似乎研究者隐身，听不到研究者的声音；如何超越已有理论？拿国外的东西解释国内的现象，要避免武断和水土不服，否则只会发生"理论飘移"；"反身性 reflectivity"是个什么概念？

　　对于老师们关于理论性的质疑和"读不懂"，我当时是挺诧异的。我从来都认为自己写的东西太缺乏理论性，太过直白、平易，甚至逻辑不足。答案也许如陈老师所说，因为他们都没有处在我们读书班的环境

1　王红艳．质的研究效度问题——"我如何判断我的判断是有效的？"[J]．教育学术月刊，2010（02）：24-27.

里，不熟悉我们一直都在讲的话语。有效性、启导、边缘性参与等词的确在某种程度上太模糊和太"洋文味"，所以，可能最根本的原因在于我没有把它们说透，只顾拿来为自己所用，却忽略了读者的共鸣。如果这个问题不解决，以后的开题等都会继续遭到质疑。必须想办法让自己用的这些理论落实下来，用我的"实证"解释它、证明它甚至修正它。当然如果这个问题放到第二篇文章上来看，整篇文章几乎都是来自我阅读的外文文献，启导这个词本身就是拗口的。我也承认自己没有超越已有的文献，只是总结提炼，没有自己的新意。但对于文献综述而言，究竟要如何写，才能避免那种"全是拿来的词藻堆积"的问题呢？老师们对某篇文章予以"没有理论"的评价、对另一篇予以"理论没有消化、飘移"的评价时，度究竟在哪里？要怎么把握才好？理论要如何来用、如何用在文章里，但愿不是一个仁者见仁、智者见智的问题。

（二）有关师徒制文献的论文 [1]

这篇围绕师徒启导（mentoring）的文献综述性质的论文，没想到老师们还蛮感兴趣，提的问题也几乎最多！启导的基础是什么？师傅要有什么样的知识才可以，而这样的知识是什么形态的？学科的？实践性的？师傅身上的专家知识和学科知识在这个过程中有没有可比性，各自发挥作用的机制如何？启导包含的三层关系之间有什么关系？全文充斥着外文文献，自己的创新之处在哪里？

田玲老师给我的建议很好，我当时没有想到，只是想当然地认为师傅可以给徒弟启导，而没有追问启导的基础在哪里。尽管我的文章里提到了，各文献只是认定"师傅就是明智和有经验之人"这个假定，就展开讨论相关问题，殊不知我自己也在重走此路。没有想到应该在"定义""何为""收益""如何做"之外，需要加一个"为何"。如果我要把这部分启导的文献放入博士论文，可以考虑一下这个问题；关于发

1　王红艳，陈向明．审视"Mentoring·启导"现象——国内外相关研究综述 [J]．现代教育管理，2010（07）：103-106．

展性关系、支持性关系、相互性关系三者之间的关系，答辩当时没有随机应变。其实很容易想到，发展是目的和落脚点，支持是条件和途径，相互性是过程与表现。写文章时就是突然来了灵感，想起来这三个词，但没有继续往下走，需要给这三个词提升一下；师傅身上有宝贵的"经验性知识"，有大量的"妙招"和做人处世的缄默知识。师徒制一个隐含的目的或者价值便是"青出于蓝而胜于蓝"。而这里的经验性知识显然既有学科性的，更有实践性的。或者说，我们致力于研究的实践性知识本身就是把学科性知识、条件性知识和本土性知识糅合进情境脉络中，结合教师自身的反思提炼而成，是一种知识的"合金"。既然它离不开情境脉络，或者是只有在情境之中方见其效，那只有在情境中传授和学习方才有效。所以，"参与"才有其必要性。

（三）第三篇文章：新手教师在实践共同体中的"合法的边缘性参与"[1]

做 PPT 时把陈老师电话里教导的一番话以释义的形式揉进去了，也不知到位否，陈老师认可我理解后转述的这些话吗？也不知老师们是什么评价，但我对自己的这次考试还是挺满意的，甚至在秘书的怂恿下，说如果达到了他说的 90 分，就请他吃鸡腿，我感觉自己可以得个不错的分数。不过与研究理论基础有关的这篇文章，真的有很多值得继续推敲和改进的地方，有很多自己都不太明白的话语。如果真要把它作为自己论文的理论基础，还需要继续扩大阅读和消化吸收。

关于这篇文章，老师们的问题有：

文章的关键词"合法、边缘性、参与"等，各自的针对性如何？比如，"合法"是针对什么而言的呢？很显然"边缘性"更多地应该是一种异质性，是否就一定对应"内部"呢？几个关键词之间有何关系？这

1　王红艳 . 论新教师的"合法的边缘性参与"学习 [J]. 教育理论与实践，2014，34（25）：36-39.

个词与当前教师教育研究的社会化、专业化视角有何不同？"我"的贡献在哪里？仅仅说学习就是一种"参与"，似乎说服力不够，为什么说学习就是参与？而参与的具体过程又是怎样的？合法的边缘性参与过程显然是动态和变化的行动，很难把它固定下来条条框框地说明。

对一个新教师而言，的确存在一个合法性的问题。当时我的回答包括 PPT 的展示可能都不够合理：相对于师范生而言，新手教师不需要守门员、引导员的合法性。这种合法性显然在我对新教师成长的研究中没有什么必要，刘云杉老师说得很对。也许我只需要附带地一提，这一点并不是要害，更重要的是什么呢？是不是合法性就没有必要了呢？

边缘（legitimate）究竟是什么含义，我也需要继续思考。它对我的研究很重要：因为我需要论证和显示师傅在徒弟参与学校共同体过程中的重要角色和作用，有了他，徒弟会进入得更容易一些、更"合法"一些；它可以指相对于内部的一个位置，但这个位置是变化着的、动态的，甚至可能只是一个人的感觉，只有参与、做事，才有可能谈到边缘性、合法性，参与、做事的过程其实就是一个人的学习过程，做中学，就无所谓边不边缘了。对新教师而言，他在学校跟着师傅参与到教师共同体中的过程即是学习的过程，学习更像一个真正的老师的过程，而这种学习与之前他做学生时的学习是不同的，不是单纯的"获得"，更多的是"参与"中的"做中学"。一个真实的学习情境比什么都重要。我想，这个过程中，教师的社会化和专业化肯定在进行着，参与到共同体的中心、身份的变化本身其实就包含了社会化的过程，而教师自身的专业能力和水平也会逐渐增强。我的创新之处，也许就在于站在"学习"的角度，更看重情境、人际的作用？需要进一步思考。

第四篇关于叙事分析的文章很可怜，没人理会。就把前面给陈老师看时的建议写上吧：实例分析得太浅，不够深入。而且只用了一种叙事分析法，不全面。

资格考试通过，拿到了写博士论文的资格，加油吧，准博士！

九、研究问题和理论框架兜兜转转

　　资格考试结束后我松懈了一阵子，或许这是很多博士都有的毛病，集中精力专心做的事情告一段落后，就会松懈下来，所谓的让自己休息休息。虽然才只是拿到了写论文的资格，但也让人有了偷懒的借口。等到回过神来再从一个整体的角度思考论文时，惊悚地发觉，一切都要重拾、仔细检视。虽然资格考试有了理论基础、方法论和文献综述，但都是"片段"，还不能形成一个有机整体，明确的研究问题还没想清楚，一切都是散的。这一次的备忘录是从进一步思考研究问题入手，陈老师"案例呈现加分析的方式"的建议，给我的论文定了型，其主体就是三个新手教师的叙事案例（边叙边议）和从理论分析框架入手的进一步提炼分析。

　　2008年9月26日，资格考试一个多月后，痛苦地意识到自己的确该仔细想想和整理落实研究问题了，研究领域定在新教师上，以前做的师徒文献并没有浪费，会用在论文里作为一章甚至主题出现。顺着这个漏斗的口往下走，就像倒油一样，应该越来越小，从我的研究主题直到聚焦到我最终的清晰的研究问题。我的研究目的是什么？前人做了什么研究？说到这里，一个很重要的问题来了，我的理论框架是什么？无论什么研究都不可能没有理论框架，如果我们连起码的固有的理论知识都没有，那么我们就根本无法开始工作，我们将不知道我们首先应该做什么。"理论框架来自你带进研究的取向或者立场，它是一个结构，是研究的固着点和框架。"[1] 去理论化的研究是不可能的。

那么，我的研究框架、理论框架或者概念框架是什么？就用资格考试定下来的实践共同体与合法边缘性参与理论可以吗？主角是新手教师和他的参与，以共同体作为背景、成员作为配角可以吗？然后再聚焦我的问题。其实关于新教师的文献应该好做，收集了那么多文章，而且大致的题目都有重复之处，不外乎是新教师该怎么做（培训、领导期望和经验传授、备课听课、磨课等细节），新教师自己要注意什么（角色转换、心理调适、学习、焦虑与平衡），新教师的社会化、专业发展和知识技能发展等方面。大多数文章都是站在更高水平的学者或者更多经验的长者角度循循善诱，以一个过来人的身份传递心得。新教师在学校环境里究竟是怎么与其他教师交往的？有那么多人都比他经验丰富、可为人师，从他个人的角度看教师这个群体是什么样子？他是怎么凭自己的努力进入这个群体的？他究竟需要什么？他的成长足迹是什么样子的？可以从行政视角、教育教学视角和教师本人的视角审视。

下载了一批有关交往的文章来看，原来可以追溯到洛克，然后还有休谟、康德、黑格尔、费尔巴特等。而我对于自己之前看过的哈贝马斯和雅斯贝尔斯竟然没有了印象！也许以后他们会成为我论文中的一部分。人是社会化的存在，交往是基本的生存方式。而他的生活交往又分为日常交往和非日常交往。对于学校的老师而言，每个人都处在两种交往之中，斡旋转换，在不同的交往世界里扮演着不同的角色。学校实践共同体应该是一个非日常交往的舞台，有着不同于血缘交往的规则惯习和言语，需要一个适应和习惯的过程。在日常交往中寻求情感慰藉、安身立命的归属，在非日常交往中创造和发挥自我。

而哈贝马斯的交往行动理论，要求主体用语言为中介进入交往理性状态。他提出的几种理论和真理性宣称（真实、正当、真诚），可以派上用场，用来分析教师的语言、教师言语的"内涵"和生活世界言语的

1　莎兰 .B. 迈瑞尔姆 . 质化方法在教育研究中的应用：个案研究的扩展 [M]. 于泽元，译 . 重庆：重庆大学出版社 .2008:33.

有效性。

　　也许还有生活世界、生活空间。博士论文《事件·场景·交往》倒是挺有意思的，结尾对自己研究局限的反思提到了这个。如果每个学生的社会性发展就像树或花的生长，那么他们都在一个属于自己的社会空间中孕育、生发和绽放。如果说每个学生都生活在自己的社会空间中，那么"空间"更多指的是由权力、权利和意义交织在一起的由实体与精神等不同领域内容构成的个体社会行动资源。那么，每个教师的生活都会有权力、权利、意义交织在一起，他们在实践共同体之内、之间、之外生活，并追求着各种不同的权力、权利以及多彩的意义。这个过程究竟是什么样子的？他是怎么协调这么多关系的？他对这个过程是何感受？

　　昨晚的读书课，陈老师建议我也用《反映的实践者》[1]的形式做我的论文，反复讨论和探索一个丰富的案例，看师徒/教师是如何谈话、沟通和交流的，从中分析实践性知识的传递与领悟、新教师成长过程中的促发因素。也许我也适合这种方式：案例呈现和分析。当然，书中的其他六章可都是很有启发意义的理论建构与论述，我不能单靠生动的案例增加可读性，还是要有个合理和有逻辑的框架，能够把整个论文像珍珠一样串成一串，能拎得清。

1　唐纳德·A.舍恩.反映的实践者：专业工作者如何在行动中思考[M].夏林清，译.北京：教育科学出版社，2007.

十、继续思考师徒问题

现在，明确的是，研究问题就定位在新教师之上，这样需要先界定"新教师"，之前搜集的资料还能用，找到几个比较有形的实践共同体，我就可以研究：新教师是如何通过边缘性参与逐渐进入到共同体的？参与表现在哪些方面？师傅在这个过程中的作用机制如何？人际间的交往是怎样的？徒弟是如何琢磨、熟悉和适应共同体活动/事业/文化的？师傅指导和有意无意提携徒弟的过程是顺利和轻松的吗？有没有消极例子？围绕这些问题，继续思考整理。

我的理论框架究竟弄清楚了么？带着这个框架去现场吗？在现场我要做什么？清流小学就选刘和赵做对象吧。刘的重点在追踪她去年一年由一名刚工作的新手借教研组课题的"东风"快速成长起来的过程，收集材料应该是以访谈和实物为主，听课跟踪现在的她。而赵则是在语文团队课题的第二年开始教授一年级，新教师加上新加入者，应该是个很好的研究合作对象，重点是听课、跟踪访谈和观察，做她的影子。但如何做影子我还不习惯，在现场往往很尴尬，不知该干什么、说什么，与当事人及其他教师怎么交流，总是感觉放不开、不自然。也许应该请教一下陈老师。

其中一个很重要的问题和关注点，就是师徒关系问题。师傅对徒弟的启导好比教一门外语，学习在教的情境下运用一门新的语言，以契合徒弟的"调子步骤"，新手向师傅学习如何说话和说什么，师傅知道在交互中何时去干预，知道如何营造或定调启导情境，像教一门外语一样的教着徒弟，而徒弟则在学习一门新的"教"的语言。

但新的角色需要新的能力。师傅原来的教学领域不变，还是处在原来的位置，定位、时空都没有明显的变化，但是添了新的角色和任务，要求新的认识和能力。新的多面要求，经常会使其迷失在母语（教学）和外语（启导）的转换中。而且指导孩子跟指导一个成年人是不同的工作，对此的研究由原来的智力型到文化的和情境性活动，尤其涉及师傅自己的身份认同问题，把真我、真实情境意义及与徒弟的真实关系结合在一起，彼此一致，才会得到良好的效果。

学习去启导和学习教学一样，是一个在复杂关系系统中建构身份认同的过程，关系相互交错重叠，甚至相互抵触，身份则不断转换、冲突。启导是一种脆弱的实践，要在复杂的话语中处理和解决问题。除了师傅自身的身份认同以外，还要与徒弟之间建立一种信任，以达到其情感和职业认同的核心。

在信念上认为该怎么启导与实际上怎么做之间的，是信奉理论与使用理论的博弈。参与隐喻也可以用在师傅身上，学习、参与和斡旋中都实践着复杂的话语。和教师一样，师傅也有经师、技师、人师之分，不止在技术上精通娴熟、是专家，而且在担当社会责任方面是榜样。

鼓励师傅比较教学角色和启导角色的相似与不同，提供机会让其反思影响的系统因素，创造一种环境使其分享作为教师的实践故事和以前做徒弟的故事，把师傅"暴露"在这种情境下，挑战他深层的信念和假设，促其审视在他们作为教师和作为师傅之间的教育议程间不和谐的例子。

不过，我发现对师傅的挑选和培训，是清流小学所没有的，它甚至都没有正式的"师徒制"。如果以其为观察点，需要解释一下：我的师徒制研究放在这里合适吗？我是否应该叫师徒结对研究？那这样当初的"班级授课制"构想就会派不上用场了么？也许我应该选一个真正实施师徒制的学校，如西二旗小学，虽不太严格但有个仪式和证书来规范师徒。启导所在的学校环境/境脉非常重要，决定了启导的有效性。万泉小学是个不错的样本，我是再选一个不太好的对比，还是继续选一个好的、师徒结对制度实施健全的？如果在这里我把重点或者说起点定位于两个徒弟，辐射到师傅或其他支持性同事，需要再选一个直接定位在师傅身上的学校吗？清华附中？还是济南的小学？

围绕师徒话题，我还专门跟刘慧霞老师聊了一些，其实是想先请她以一个师傅的身份谈一下启导工作，我问了几个问题。比如你是怎么指导徒弟的？答案其实挺让我意外的，她的大体意思是：听课后基本上都是表扬，指出优点，以便他以后上课继续发挥他的积极性。而缺点基本不提（除非是明显的知识点讲解错误），怕打击其积极性，后面就不敢讲了。而且指导徒弟是个慢活，需要慢慢磨，如果真看出了问题，即使指出来有什么用呢？他能立刻改变吗？也许你指出的问题他根本就不理解、在懵懂之中，又怎么能很好地改正呢？所以不如靠他自己悟、自己明白。师傅就是点到为止，以表扬为主（刘老师举例：感觉他上课用的PPT太多，二十张！几乎两分钟一个，这样其实效果很差。但她在课后并没有给他指出来。她说："你怎么说呢？说，你PPT用的太多了？！可说这个有什么用呢？他会懵住的，多少算多，多少算少呢？用几张算少呢？他都不明白。说了等于白说！"所以，她就等待，直到一周后他自己来找刘老师，谈到那节课，末了自己笑着问刘老师："我的PPT是不是做得太多了？"事情有了一个完满的结局，他的"实践性知识"就在这种自己悟的过程中生长了）。教育就是等待。尤其是对于成年人而言，谁有权力来批评指正谁呢？

而当我问到她如何处理师徒关系时，她的一个观点启发了我：其实处理关系或者把关系当作一个问题，只是徒弟一方的问题，对师傅而言，他根本无须考虑要如何与徒弟处理关系、要怎么顾及徒弟一方。因为他是已在学校有一定地位、一定认可度、有安全系数的人，而徒弟往往是新人，需要扎根、需要有个安全地带，这个需求很大程度上是由师傅满足的，他协助徒弟度过最初的陌生期。我是否可以单单从关系角度来研究师徒关系呢？就像我最初的定位一样：从人际关系入手来研究师徒之间的交往，这种关系是如何在徒弟的边缘性参与轨迹中体现的，而师傅作为关系的一方，有哪些表现？把中国的人际关系理论与师徒制研究结合起来如何？如何处理关系？

这也让我想到，我们是不是要求过高、期望过高了？在徒弟还没有摸清自己的长处、努力重点，师傅没有明确自己的理念、没有了解徒弟的情况下，就谈师徒制的效果？这可是个长期的问题。它的时间也许过于短暂，以至于不能满足通过批判反思而重新概念化自己实践的长期缓慢的过程的需要。师傅往往从自己的经验领域和专长出发，用自己习惯和日用不知、信手拈来的语言提出问题和反馈，而徒弟往往处在懵懂状态或者干脆就不视其为问题。

像新手教师都有那么一些发展阶段一样，师傅也会关注自己（当师傅）的新手阶段，他们对自己不自信，不知道如何启导和交往，似乎躲在自己熟悉的知识和专长后比较舒适，有种从自己的舒适地带开始的需要。同时，徒弟是否会有一种策略性服从/顺从，或者表面的一致/同意？徒弟从师傅那里学到了什么，这个过程是如何/怎么发生的，也很难把握和预测，这些问题都太个人化了。这样我的研究价值便需要辩证看待了，需要字斟字酌。师傅是如何看待启导工作的？最初他优先进行的工作是什么？哪些因素会影响这个工作？学校的文化、师傅的地位等因素都会影响之，还有师傅以前学习教的模式和徒弟对教的看法……

眼光再放高些，情境/境脉因素非常重要。所以，选一个好的学校、好的"实践共同体"背景对我的研究应该很关键。也许我要定位在正面积极的环境之中研究"作用"和"交往"（交往是一个双向的词，如同镜子反射或大山回音一样，只有一方是没有存在价值甚至是存在的理由的）。而如果学校文化是一种个人主义倾向的，不是开放和鼓励型的文化，不支持或者不重视师徒制的话，启导的作用也是有限的。正如刘老师说的，师徒关系很难坚持下去，师傅的"说"和徒弟的"反应"总是太个人化、非实体化、情境化，再加上双方都特别忙，各自琐碎的事务占用了他们的大部分时间，所谓的挤时间去做，有时候反而成了敷衍。

十一、跟新教师相关的文献

一旦确定了研究问题和理论框架，不再游移了，你就会发现到处是相关的文献，到处是有价值的启发。所以，要早安定下来，早着手做起来。这部分的备忘录是随读书随记录，都在为了一个目标发力。而且，都发挥了巨大作用的——三维叙事空间进一步充实了前面提到的用"案例呈现＋分析"研究新手教师学习故事的想法，有关研究者和被研究者之间的关系、研究者亦是合法的边缘性参与者的灵感也的确成为了博士论文的跋，一个很让我"得意"的部分。

（一）克兰迪宁和康纳利的教师知识景观与三维叙事空间[1]

读到克兰迪宁和康纳利关于教师知识景观的文章，很有启发。他们的知识景观包括人、地点和事情之间的关系，它既是智力的也是一个道德景观。教师在学校的知识有两种，教室外和教室内的。前者是私人的，述说着生动的个人故事，在后者环境下教师可能会说一些"封面"故事。这对于我写隐喻会有帮助，而且也许我在考察新教师成长环境时，观察教师互动、谈话时，可以与景观和故事的隐喻结合起来。新教师说了哪些故事，师傅在进行启导、与徒弟交流时是说的封面故事还是教室门后的个人故事？在整个教师实践共同体内部，有什么主导性的封面故事和

---

[1] 兰迪宁，康纳利. 叙事探究: 质的研究中的经验和故事[M]. 张园，译. 北京: 北京大学出版社，2008.

约定俗成、心照不宣的私人故事？哪个对新教师影响更大些？新教师会更认同哪个？他能觉察到这些故事吗？怎么觉察？

而他们的叙事三维空间的论述，应该会成为我论文的一个非常重要的"方法"。处于学校实践共同体内的新手教师，会有时间的流转——过往的经历、现在的状态、对未来的期待；会有场合的移动——为学生的大学、为教师的中小学、为成员的教研组、家委会、读书会；会有反转向内的思考，会有个人、学校、社会之间的关联。我在分析每一个新手的时候，可以给他们画个肖像，并用三维方式呈现他的参与过程和参与空间。

三维叙事研究空间和框架使我们的研究能够置于一个地点，向内（内在情况，诸如感情、希望、审美反应和道德倾向）、向外（外在条件、环境）、向前（将来方向）、向后（过去方向）遨游。借用张园画的图，后期我可以再更新一下：

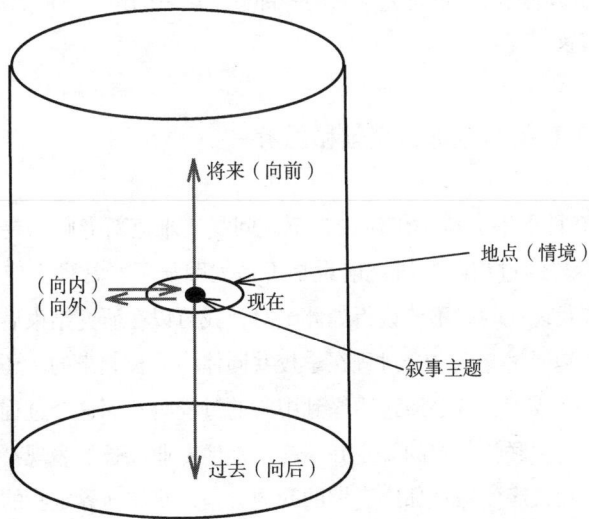

图 1　三维叙事研究空间

研究者与被研究者之间是有关系的，两者的故事和生活互相交织，我要身在其中，我需要找到归属感和被需要感，但现在我在研究对象于萍萍那里没有找到，我还在外圈徘徊。要能建立亲密关系，但又要能退回去，冷静地观察和反思，进入现场、撰写文本。当叙事探究者处在现场中，他们永远不会作为游离于别人经验之外的记录器而存在。我有我作为新手的经验，也有开始研究所必需的研究经验。而同时，我又有我所研究的新手教师们的经验的一部分，这样才能生成意义，迸发出故事。我需要反思，在他们的生活中，有我的位置吗？局内人与局外人、圈内与圈外、研究者与合作者，这些都是关系的协商，进入现场之初需要协商，但进入后不表示协商停止，因为经验是流动的、故事是生动的，人为、为人的，关系需要时时刻刻维持。

这样想来，我研究新手教师的边缘性参与，其实我何尝不是个边缘性参与者呢？！相对于他们，我是个局外人，对他们的话语、常规、惯习，他们拥有的知识、默认的规则，我是不了解的、生疏的，随着研究的推进，或许我会逐渐位移，一点一点进入他们，由边缘徘徊到几分参与，我的变化、我的经验最后也是研究结果的一部分。最后的论文，最后的一章，是否可以写这个呢？

（二）有关新教师的文献和思考

9 月 20 日下午支持小组讨论，王硕问我，难道新老师都要经历一个边缘性参与的过程吗？研究前设是不是太明显了？常理上应该是如此。但也许我现在的确不能说得如此绝对，我可以在研究结束后，说我发现他们都是通过这么一个过程在学校共同体内成长起来的。还有，这种成长是什么成长，就是通过边缘到中心的过程吗？那这个过程与他的专业成长有何关联？位置的转变并不一定是他专业成长的表现？可能会是他的性格和人缘使然？那决定性的问题就是，我如何界定我的实践共同体，它的实践三要素必须明确。而成长的表现 / 操作性定义也不明确，如何判断他成长了？

"学校文化激励与初任教师专业发展——初任教师'存活'的三个

维度"一文中提到了学校的隐含价值、潜规则。初任教师来到学校很容易遭遇学校文化的"潜规则",比如"不要批评校长""要了解同事""我们学校就是这样的""一家人不说两家话"等。因此初任教师面临的主要任务是学会,即接受同样的行为在不同学校有不同的"意义"并将"学校意义"内化。初任教师入职初期就是获得行为的"学校意义"阶段,这种意义的获得最初是无奈的,可以说多数是碰壁的结果,但逐渐地,它将内化。而昨晚上读波兰尼的《个人知识》,提到在"欢会神契"中,徒弟"入行"。好像都和我要用到的边缘性参与有关。入行,摸清潜规则,熟悉技艺库,向中心移动……

集体备课也应该关注。在集体备课时,新教师坐在什么位置?会参加发言吗?是谁点他/督促他也说说?是自己主动还是师傅、组长等外力?他会对备课出好点子吗?受重视吗?公开课的经验当然非常重要。想想李寒的"不能烂泥扶不上墙"!还有几个老师一起给于萍萍一个字儿一个字儿地抠教案,尤其是她师傅,"要一句句地听"。李娜也是如此。这些新老师在教师集体中的位置和表现需要我关注。

10月29日,看到一个词组"起点的给予"。新教师的成长能和婴幼儿最初几年的成长比较吗?学者傅道春特别强调"起点的给予",他认为许多事情的起始决定着结局,正如新生婴儿如果在出生后的三四年中没能正常地接触社会,便错过智力发展的关键期,日后很难形成正常人的思维及语言能力。教师如果在参加工作的前一两年不能获得实践智慧的发展,那么在以后的教师职业生涯里,他很可能充其量也只能成为一个"教书匠",很难有大作为。如果把教师的成长比作一座大厦的话,那么这个初任时期就是一个奠基的工程,是教师职业生涯中一个重要的部分,"对教学的有效性、工作满意度以及职业持久性将会产生长期的影响。"生活史可以放进来,作为重要的一块。

师傅的出声思维很重要。不光要做出来还要说出来,能够解释做法背后的原因。

也许我还要界定一下,到底是新手教师还是新教师。初到一个新的学校也会被称作新教师，这个新是对学校的新。而我重点关注的可能是新手教师，初入职、还没有多少教学经验的年轻人，而不是换学校任教的"新"教师。当然在写文章时，比如西二旗的师徒，我可以润色一下或者把它作为一个特例来写：师傅虽然是学校的新教师，但因为经验丰富有威望，进入学校不久便在体育教师圈子里占据了主导，徒弟成了一个边缘性参与者，需要学着认同和接受圈子里师傅主导的语言和教学方式。

10月30日，看到东北师大任学印的博士论文里面关于初任教师的研究意义有不错的论述：今天的新手教师就是明天的专业或特级教师，新生力量会成为中坚力量。这是我们通常形容年轻人的一贯论调。

在谈新手教师研究意义的时候，可以论及实践性知识的形成和发展。同时，休伯曼的探索发现期过后，他们会进入稳定阶段，或者自我怀疑阶段，所以研究才有意义。如果待他们失望退出教职，再进来一批新手教师，又要重新适应、重新受教，是人才与资源的浪费。

有文献提到新手教师成长的两个视角，专业知能的专业发展和社会化。突然想到，如果我用边缘性参与理论，岂不是重心落在社会化上？落在社会化融入圈子上？但想想也不尽然，温格不是描写了保险工作者是如何通过了解惯例和言语而掌握工作的么？应该两方面都照顾到，或者我自己定一个新手教师成长的标准，说明成长表现在什么地方，用什么标准去衡量。

新教师早期会通过试错形成自己的应对策略，如果得不到有效的支持和帮助，这些策略会被应用到他整个职业生涯发展中，从而可能会阻碍他成为一名有效的教师。比如在应对学生讨论、课堂管理时有困难，其策略就是删除掉所有的课堂讨论，因此作为一项生存策略，他完全排除了一个有效的教学方法。

11月3日，看到华东师范大学陆静尘的硕士论文《实践共同体中教师学习的研究——以一所幼儿园为例》，应用了人类学对于情境学习，尤其是关于实践共同体中学习者学习的相关理论，对来自不同范围实践共同体的四名教师的日常教育事件加以考察、分析，寻求实践共同体理论与学校教师日常职业学习行为的相互联系与启发。不过写得太浅，分析也不深入。广西师大姚红玉的《我的新教师生活——新教师专业发展的叙事研究》，则很有可读性，而且有很多火花值得我借鉴。这种叙事加上评论的方式，也许可以用在我的论文写作中。叙要叙得有趣，论要论得精到。

11 月 15 日，看徐碧美的《追求卓越：教师专业发展案例研究》[1]，给我很大启发。她通过展现四个老师的案例，逐个呈现并对比剖析了她们在学习发展等方面的知识，她对教师知识的分析对我们的实践性知识课题也有启发。四个教师在新手时期的心态和状态描写，都值得我借鉴。185 页提到她们"在处理课堂教学本质的多重性上有困难，没有掌握足够的知识来选择性地处理事件，而且是反射性地而非前摄性地应付事件和防止它发生"，挺有意思。她在 293 页写道：本纳等人[2]指出，专家知能既是有意的也是非正式的集中。知识不是某一个认识者自己形成的，而是在与有不同优势和视野的其他人的对话中形成的。这个观点显然对我写共同体有启发：知识的参与隐喻。而专家知能的分布性特征也是如此，知识是分布在实践共同体内部的，所以才有了技艺库，有了外人 /语境之外的人不明就里的内部言语、内行话。还有布迪厄的场域概念，也许都可以用到。新教师所处的共同体构成了几个不同的场域，交织着各种关系。

美国亚利桑那州大学的 Berliner[3] 在对教师教学专长发展的研究中，受人工智能（AI）研究领域中"专家系统"的思路的启发，提出了教师教学专长发展的五阶段理论。Berliner 认为，教师教学专长的发展可以划分为新手教师、熟练新手教师、胜任型教师、业务精干型教师和专家

1　徐碧美 . 追求卓越：教师专业发展案例研究 [M]. 北京：人民教育出版社，2003.

2　Benner P, Tanner C A, Chesla C A. *Expertise in Nursing Practice: Caring, Clinical Judgment and Ethics.* New York：Springer Publishing Company，1996，p.195.

3　Berliner D C. *The Development of Expertise in Pedagogy*, American Association of College for Teacher Education. New Orleans, La., 1988, February 17.

型教师五个阶段。所有教师都是从新手阶段起步的。随着知识和经验的积累，经过 2~3 年，新手教师逐渐发展成为熟练新手教师，其中大部分熟练新手教师经过教学实践和职业培训，经过 3~4 年成为胜任型教师，这是教师教学专长发展的基本目标。此后，大约需要 5 年知识和经验的积累，有相当部分的教师成为业务精干型教师，其中部分业务精干型教师在以后的职业发展中成为专家型教师。Berliner 还在大量的定性与定量研究基础上，对教师教学专长不同发展阶段的特征进行了详细论述。

新手教师是经过系统的师范教育与学习，刚刚从事教学工作的教师。新手教师教学专长的特征主要表现在三个方面：①新手教师是理性化的，在分析和思考的基础上处理问题；②新手教师处理问题缺乏灵活性；③新手教师处理问题时，刻板地依赖特定的原则、规范和计划。在这个阶段，他们需要了解与教学有关的一些实际情况和具体的教学情境，对于他们来说，经验积累比学习书本知识更为重要。

11 月 18 日，看到顾泠沅先生在《教师知能研究的方法与案例》中提到，中国认识论的两大源头，其一是宋代朱熹解释的"格物致知"，以真实的观察为基础，强调累积的、经验知识的获得，旨在建立起一套理性的体系。这是中国传统中强而有力的部分，但与欧洲传统还是相去甚远。欧洲的传统更加思辨和理论化，中国的传统则非常依据经验，非常实在同时又是非常系统化的。研究报告曾提到，只依据琐碎经验的同事互助，没有系统掌握学科和课程教学知识的理性引领，教师就不可能获得真正的专业发展，这是来源于中国传统的重要的认识。

那么，新手教师在与师傅及其他人互动时，我还可以把中国传统拿过来？

另外，我还要强调一下，为何只看学校这个共同体？实践共同体无处不在，新手教师的家庭、朋友圈子等都会组成实践共同体，而我只是关注他在学校这个安身立命之所的"参与"，或许，其中的某个共同体会和外界的有交集，或边缘是开放的，衡量一个教师发展和成长最重要的标尺应该是放在学校的吧！

　　把我之前写的那篇关于新教师定位的文章找出来，里面有很多好句子可以拿来用，如适应风俗等的句子。也许我之前的很多文章包括每月汇报，都会给我些灵感。要善于总结和回忆，并建立联系。像课上陈老师说的，就在一个地方打井，打得深了，不断不放弃地钻下去，总会有水涌出。而且一旦你用心专一了，你会发现看到的什么都和你的研究有关，你眼里看到的都是对你研究有用的东西。到这个阶段你会是多么幸福！会有多么奇妙的体验！也许现在我定下了方向，再翻以前的旧东西，也会赋予它新用途，更何况看到新东西呢！自然更会把它和研究联系起来，一切都在联系、关联和嫁接生长之中。

十二、头脑风暴"合法的边缘性参与"

如果说前面两篇备忘录都算是（新手教师、师徒制）文献方面的论述，本篇备忘录便是围绕论文的理论基础（实践共同体以及合法的边缘性参与）的深入思考，它和后面一篇备忘录，促使我进一步明晰了如何用好理论、如何设计分析框架，为开题做准备。

（一）来自师姐的质疑和敲打

11 月 26 日，收到筱萌姐对我开题报告的修改，的确一针见血，比如我的研究子问题，的确没有想好，非常感谢师姐对我的质疑和做出的修改！而文献部分，我也是犹豫或者是偷懒：先做新教师的，然后概述共同体的，但其实呈现出来还是两张皮。我会听取师姐建议，把综述好好改一下。而一开始那部分更要大改，我到底要研究什么？当初是想，如果一开始就呈现我要研究新手教师在共同体内的成长，那岂不是提前把后面要说的理论空间部分公布出来了么？怎么安排笔墨呢？我还没想清楚，还要深入。先把师姐提出的对我启发特别大的几点整理一下，并记下我的回应：

（1）新手进入一个"人"的共同体和进入一个"职业"的共同体如何区分？有的时候这两个区分并非易事，或者本身就是混为一谈的，所以你的研究是不是也需要思考一下共同体这两种不同的属性？

的确如此，如果说原来的边缘性参与在这一点上很难区分——极有可能——一个新手已经能较为熟练地掌控课堂、管理教学，但还是很难融入其他教师圈子，这叫边缘吗？像是"人"的边缘。但共同体的这两个属性也同样难以区分，如果存在的话。融入圈子，被他们接受和被他们承认与欣赏，是不同的，虽然有重合。有必要区分吗？我如何呈现？这是个好问题。

（2）学校共同体如何改变可能更具亮点，但是从数据收集来看，可能就会增加难度，因为不仅是新手教师，整个学科教研室、年级组等可能都将成为研究对象。

其实我考虑到这一点了，也准备访谈其余的老师、校长等，工作量很大。但必须要做。

（3）师徒关系是否是研究的一个重点？如果是，这方面的文献研究似乎还缺乏。同时，师傅在共同体中到底处于什么位置？共同体的属性是守门人？鉴定者？在我看来，新手教师、师傅、共同体成员是三个重要元素，新手与师傅之间、新手与共同体成员之间、新手通过师傅与共同体成员之间都存在可分析的关系，那么你侧重在哪里？还是全部都分析？

文献当然不缺乏，因为我做过启导的文献，但我的确没有想到把它们作为三个重要元素，而三层关系如何处理也没有考虑。我当时是想，师傅作为引路人之后，新手与其他成员发生关系，而如果没有师傅引路润滑，当然也会和其他成员有交集，两种情况我都要研究吗？既然我决定只选有师傅的学校，那似乎后者就没有很大必要了。可以吗？

师姐还说，我的论文中，"合法的边缘性参与（Legitimate Peripheral Participation，LPP）"似乎还不够清楚。学徒的参与是一个从不会到会的过程，这可以看作一个从边缘到中心的过程，那么新手教师到底"边缘"在哪里？从不会管理课堂纪律到会管理课堂纪律是不是从边缘到中心？说得极是。我的一位研究对象工作6年了，她觉得她可以很好地把握自己的课堂，但是大家一起评课的时候她即使有想法也不会说，因为她认为学校里没有年轻教师说话的位置。这是一种什么"边缘"？我觉得新手教师是否在边缘、在什么"边缘"可能就是研究首先要回答的问题，而不是首先就预设他们在边缘。这里又切中我那个"负面色彩浓"的要害。边缘在哪里？如何判断边缘？我都无法说清楚。它是一个逐渐的过程，没有截然的界限和阶段。即使我不把它作为我论文的主线，它作为情境学习理论的一个核心概念，也是需要提的。也不能浪费了之前的精力，用一章的内容讨论它可以吗？

突然想到一点，其实莱夫他们说的这个 LPP 都是从事业/职业进入的，几乎没有提到人际方面、情感方面，只是在酗酒者那个例子中提到一点情感支持。所以，也许是因为语言方面情感色彩的差异造成了我的困惑吧？边缘在汉语词汇里很大程度上是从人际关系角度谈的，比如"说某个人被集体边缘了"，而不是针对他的专业/专长。你可能是个专家/出头的人物，但回到所在的群体，可能是个边缘人物。可以这么解释吗？

所以开题报告初稿还要大改，那些英文文献还要踏踏实实地看，不要偷懒、不能凑合，开题能是那么容易的么？而师姐质问我的：你前设他向中心移动了？这种移动的特征到底是什么？是教学的熟练，还是在共同体中越来越有话语权？教学的熟练可以是自身的事情，而话语权却是与外界的一种关系了。从我分析的案例中可以看到：新手教师自我认为教学熟练了，他们渡过了"生存期"，但是他们在学校仍然没有话语权。——这些其实正是我困惑和不敢向自己挑破的：我要研究他的边缘性参与，那什么是边缘、什么是中心、什么是位移？怎么来判断？这种位置的变化是专业发展吗？从教学角度看，还是从他的"人际"、从认可、从他自己的感觉看？我要从哪里入手呈现分析？我的"进入学校共同体"究竟是什么意思？什么叫"进入到"？有什么指标、特征说明他进入到？这些都是我说不清楚的，也不知道自己最后能不能说清楚——它能清楚吗？

说到底，也许这种边缘性参与是个很主观的事情。我需要再研读一下莱夫和温格的原著，看看他们的分析。

新手教师与共同体的再生产这个话题，指他能够指导别的新人、后来者，能否作为指标之一？

（二）再看《合法的边缘性参与》

我尝试分别用"实践共同体"和"边缘性参与"为关键词搜索，前者搜到的文献价值好像不是很大，后者搜到 10 篇，倒是有点相关性。两次检索都有情境学习理论。我在想，日后成文时，要提这个背景吗？现在只是介绍了学习的参与隐喻，还不够。

11 月 27 日，又打开《情景学习：合法的边缘性参与》（*Situated Learning: Legitimate Peripheral Participation*）[1] 来看，熟悉和新鲜感并存，也许这就是经典书的魅力。再看威廉·F.汉克斯为本书写的前言时，出来许多新的东西，是我以前没有意识到的，先摘录下来：

P3　学习是分布在合作参与者之间的，而不是一个人的行为。如果说，学徒可能是通过增强对生产过程的参与而最具戏剧性地发生变化的人，那么，这种转变的极为重要的场所和前提则是更为广泛的过程。学徒的师傅本身如何通过充当合作学习者而发生变化？在这个过程中要掌握的技能又是如何因此而改变的？更大的实践共同体自身通过学徒的形式进行再生产，因而实践共同体也可能被改变。合法的边缘性参与没有解释这些变化，但它的优点是使这些变化不可避免地发生。

P4　他们不是将学习定位于结构的获得（也不是纯粹的互动），他们并不否认参与框架是被构成的这一观点——正是这一观点为合法的边缘性参与提供了条件——他们也不否认专家的实际作业是系统化的。这个难题是：什么类型的体系？什么类型的结构？这不仅仅是结构性问题从心理表征水平向参与结构水平的传送。更确切地说，这种传送是通过从不变的结构向不太刻板、更具适应性的结构的一个更微妙且潜在的彻底转变而合成的。表达这种结构的一种方式是，与其说结构是行动的恒

1　J. 莱夫，E. 温格．情景学习：合法的边缘性参与 [M]．王文静，译．上海：华东师范大学出版社，2004．

定的前提，不如说结构是行动的变化的结果。事先存在的结构可能模糊地决定思想、学习或行动，但只能以一种未详细说明的、高度示意性的方式。而且，结构可能会在行动的局部的语境中得到有意义的重构。这种观念为学习者所参与的实际活动保留了基本的作用，同时避免他们在学习中否定任何预构内容的极端立场。

我的联想：这不是和吉登斯的结构二重性相似么？是结构与行动之间、社会与能动者之间的互动。每个人都存在于一定的结构之中，结构为其行动提供背景和条件的同时又是限制，但同时，结构又是被个体生产、影响、改变和重构的，结构不决定行动，而是为行动提供条件。结构是行动的中介又是行动的结果。新手处在边缘性参与的过程中，可能身处或者试图进入某个或某几个实践共同体，他的行动必然会受到这种语境和结构的影响与限制，但同时它是他行动和参与的条件。但他的能动性使他能够很好地利用这个中介向中心移动。而高文在为"21世纪人类学习的革命"译丛作的总序中指出，人类学情境理论提出"合法的边缘性参与"概念，让隐含在人的行动模式和处理事件的情感中的默会知识在人与情境的互动中发挥作用，并使得默会知识的复杂性与有用性随着实践者经验的日益丰富而增加。新手在他的能动参与中，其实就是在"偷窃"共同体中的缄默知识，也许这些知识在师傅身上，也许在校长那里，在小组讨论中、在某次会议中……知识是分布在共同体内部的，是社会性的。分辨出、领会到和拥有了它们，新手的参与和行动可能会更顺畅和自动，转而他又能为共同体贡献力量。

P6 一种学习语境的相对透明性往往不是依赖于该语境本身的特点，而是依赖于学习者的准备状态和灵活性。（这并不否认对于一个学习者而言，根据其要求的准备水平，语境可能是相对透明或者是不透明的。）

这让我想到，我要不要用"合法的"这个限定词？学校和超市屠夫的情况不同，也许它很难有那种限制。虽然学校这个例子是一个试图进行自身再生产的共同体面临的挑战，屠夫的情况是要控制学习有可能在其中发生的互动，同样也要控制学习有可能导致的结果，可哪个学校不是致力于迎接这个挑战，为新来者提供条件和支持呢？没有对新手放任自流的，因为这不符合学校的本质属性，所以合法这个词，可能不是从共同体的结构限制和门槛来说，而是其内部的技艺库、知识体、缄默性的东西，由于它们的缄默不能够充分敞开，是无意的，而非有意的限制，使外来者不能进入。刘云杉老师曾问过我，那就不能说有合法性这个问题了？所以，我要界定这个合法的意思，它的所指。

P8 对语言行为的关注也有助于凸现出关于合法的边缘性参与的一个很棘手的问题，即合法的边缘性参与是指明行为者可以参与的一种角色结构，还是指定一种参与方式。谈话的学生表明参与互动的某一单个团体可以同时满足几种角色，而且在适当环境下，一个单独的角色可由不止一个互动者担任。在合法的边缘性参与在如何占有角色的水平上所起作用的程度上，我们倾向于认为合法的边缘性参与是一种投入的途径，而不是投入在其中发生的结构。这样，合法的边缘性参与便表现出学徒偏爱于对整体作出贡献这一特征，或者表现出学徒在关注自己手头的工作的同时又注意师父是如何进行相关工作的特征。换言之，合法的边缘性参与不是一个学徒在一个更大的过程边缘担任特定角色的简单参与结构。它是一个学徒通过同时担任几种角色投入其中的一个互动过程——地位较低者、学习实践者、某些小部分实作中唯一负责的行动者、热心的专家等——每种角色包含一个不同的责任、一系列不同的角色关系，以及不同的互动参与。

p9 人们可能预料合法的边缘性参与在其中发生的角色结构会随时空的变化而极大地不同，甚至在单独的一个学徒制的进程中也会不同，但是互动的确是很有益的，学习者将自己置于与整体的关系之中的方式将保持不变。在这种视界中，无论如何定义，"合法的边缘性参与"都不是一种结构，而是在广泛的不同的条件下发生的在世界中的一种行动方式。

我的联想：LPP 不是一种结构，而是一种行动方式。这句话对我启发很大，让我突然意识到，也许我论文的重点，不能放在位移、位置的变化上，或者是从边缘到中心的过程，因为边缘本身并不是一个具体的位置，一个有明显结构性的东西，它不是新手对于一个外在的、自身暂时不在其中的"结构"边缘所进行的简单参与，而是新手同时会担任几种角色投入其中互动的过程，它更多的包含行动、行动者、互动、角色承担与履行的意味。所以，我致力于找外在的指标和标准，以判断新手已经进入了中心、如何从边缘到中心，其实是走偏了，甚至是走不出去的死胡同？我是否可以呈现，新手如何从一开始试图和努力投入到某个或某几个他"可见""可感"的共同体中，通过扮演各种角色与三要素相互作用，投入的结果是协商意义和身份的获得，同时共同体也实现自身再生产？目前我还没有想清楚、表达不清楚，就是想呈现这个互动参与的过程，而不是拘泥于非要寻找一些标志，判断他从边缘位移到哪里。因为不是每一个人都能到他想去的地方，但每个人都不可避免地生活在结构中、受其影响的同时又会反作用之。新手教师是如何通过"合法的边缘性参与"行动，投入到学校实践共同体之中，从而成长起来的？

所以总起来说，合法的边缘性参与，重要的不是结构性、位置性的外在标准，而是参与过程、对不同共同体的投入以及当事人的努力和准备程度、心态感受。

但也许像筱萌姐说的，新手已经随着时间流逝，在教学上变得熟练了，但仍然没有话语权，他的话仍然不怎么受重视。所以，他的感觉呈现出来后，如何判断是个问题：他感觉自己已经渡过生存期，已经在教学业绩上可以和那些老教师比了；他感觉自己仍然不受重视，仍然在边缘；或者他感觉很安全，有人倾听和关注，被给予机会，所以会更投入。这些多元多样的东西，我要如何整合和呈现，然后分析？我要如何收集我要的资料，而哪些又是我所需要的材料？

是不是所有的实践共同体都会促进新手成长、能让他们参与进去呢？很多新手教师之所以变得"实用主义"、由进步主义到保守主义、由理想浪漫到现实严苛，部分是因为他们缺乏经验，但还有可能是因为他们在学校这个共同体遭遇到的矛盾。当理想遭遇现实，从二者的缝隙中通过时，往往是理想受到挤压，最后只有把理想的一部分遗留在后面才能通过。

再进一步思考，莱夫和温格努力描述了学习何时发生，在什么情境下发生，什么被习得，但他们没有解释，它是如何发生的？只是有些暗示，如识别出知识被明显化或者可获得的程度对学习者而言非常重要，以及学习的透明。但他们把重点放在师傅身上，而不是学习者面临的问题。新手们是如何学习的？新手们如何知道要看哪里、要参加什么？这也是对我的前设的挑战，新手教师一来到学校便会开始边缘性的参与，便会看、模仿和投入？这是如何发生的呢？他是如何知道和做到的呢？在莱夫的书里，他们提到"边缘性意味着置身于由某个共同体定义的参与领域中多元化的、多样性的、或多或少地投入和包含于其中的存在方式。边缘性参与关系到在社会世界中的定位。变化着的定位和观点是行动者的学习轨道、形成中的身份和共同体成员资格的一部分（p6）"，在实践共同体中没有被标明为"边缘"的地方，而且最显著的就是，它没有单一的核心或中心。

所以，我想看新手教师如何从边缘到中心的位移过程是不是个死路子？因为很难找到个中心。或许，我就致力于描绘出他的学习轨迹、参与方式、身份变化、自我认可和被他人认可的程度？

（三）LPP 所处的"实践共同体"

12 月，继续梳理实践共同体和边缘性参与的理论文献，试图在它们和新手教师之间建立联系。原以为是不多的——和新手教师关联的，但其实都可以找到潜在的联系，比如实践共同体中意义的建构，边缘性参与的合法性的质疑，对掮客的关注等，这些都会给我启发。虽然看得很累，资料太多，但只要有用，为何不看呢？关键在于，我如何在三者之间建立有机联系，找到我的切入点，以及说明我研究的合理性和创新性。但前提是，我为何要在它们三者之间建立联系？尤其是前两者，如果我就用温格和莱夫是把它们合在一起谈的作为理由，能说服委员会吗？只要有实践共同体就一定会有边缘性参与吗？而用Grossman的质疑的话，实践共同体就是在那里的吗？理所当然存在的吗？会不会有"伪"共同体的存在？这个要写在我的论文里？新手教师所在的学校，我假定它已经存在了，如教研组，事实的确如此吗？既然我们都认同学校文化的私人化与个体化，我如何才能让我的这个前提成立就是个问题。我应该先用实践三要素描述一下，以界定它为实践共同体。而读书会、师徒等共同体则可以呈现它的产生过程——和新手教师的参与同步呈现，包括他的成员身份、他的认同形成、他的意义制造和关系处理。不知是否可行。

就像讨论合法性的文章所提到的，莱夫与温格仅仅在边缘性参与者和那些充分参与者间做了区分，的确，他们也使自己与等级思想拉开距离，通过合理化他们的术语选择：使用"边缘/充分"，而不是"边缘/中心"，因为"实践共同体没有一个单一的核心或中心"。但的确每个共同体里又存在一个"有地位的"人物或居于核心的人物，潜意识里或者大家都会默认这么一个权威人物的存在，即使"伟大事物"是会变动的。正如读书课/博士生这个共同体，陈老师显然是这么一个人，尽管每节课可能都会有这么一个伟大事物，大家围绕其讨论并推进共同体往前"走"，但不可否认，在"走"的过程中，陈老师的态度和回应、她的倾向和喜好影响甚至决定了它的速度、方向。她对某个成员的倾听和耐心包容、对某个成员的忽视和打断如"你说得太多了"或者"你怎么不说"，会从根本上影响这个成员的自我认同、自我感以及其他成员对其的认同和看法。这是很显然的。刘老师也是她们附中读书会的这样一个人物。学校或多或少会存在这样的共同体，有这样的人物，我要研究的新手教师，在进入某个共同体时可能意识到了这个人物，也可能没有意识到，但随着实践的推进、对三要素的领会加深、参与程度的拓展，他会敏感地抓住这个信息。

共同体的文献如此之多，温格只是其中并不太显眼的一个吧？

实践共同体不都是正面积极的东西，也有冲突和矛盾，而且，不能只是单方面的，个体在共同体中的"成为"，表明个体也是个能动者，或许会打破常规故事与情节，改变共同体的行动和话语。个体参与共同体的同时，也会给共同体和其他人带来影响。个体在共同体的定位，或者位置的采纳等定位理论，补充了共同体理论。

自我批评一下，今天看来才发现很多相关的问题，我都没有辩证和严肃地考虑过！所以，前方的路还很漫长！

12 月 13 日，继续看对实践共同体理论进行批判的文章。实践共同体有它的局限——再一次让我反省自己，以前我在运用或者想象温格的实践共同体理论和莱夫的 LPP 时，根本没有认真考虑过它们有何局限，有没有缺点，只是拿过来为我所用；而综考时写的那篇文章，虽然查了很多相关文献，但我没有认真浏览。浏览文献真的是很有帮助的，尤其是国外的文献。因为国内对它的研究说实话并不多，有也只是直接把这个看上去很好、很有希望的词儿拿过来，直接作为"已经存在的"或者需要建构的理想物讨论。这个已经有文献的提醒了，权力关系是最遭批判的一点。而且这些进行批判的文章，指出了该理论的缺点和不足，并指出了补足物，如定位理论，个体和共同体之间的关系问题，边缘性参与的合法与合理性问题。

按照温格所说，新手在边缘位置进行参与、协商，建构意义，形成认同，承担责任，慢慢向中心移动，向充分参与发展。虽然他们在书中也展示了就停留在边缘而没有发展到充分参与的屠夫的例子，但他们没有展开，也没有作为理论的重要议题。有人拿福柯的权力理论、行动者网络理论等来进行论述，强调了共同体内的权力关系和等级层次。在我的研究中，同样不能忽视这一点。新手进来，也许最初会很顺利，蜜月期看什么都是积极的，而学校也给与相当重视、欢迎的态度，但最初的冲动和新鲜过后，其他老师最初的热情态度平息下来以后，背后原有的权力关系和等级会慢慢浮现出来，而这些可能一开始新手感觉不到，因为他不敏感，不能很好地区分各种关系，把握或听懂共同体的语言，在他参与的过程中、与同事交往的过程中、在好心的"告诫"甚至"碰钉子"之后，他会总结经验反省自己，教会自己按照大家默认的惯例行事——在这种权力下参与方式的转变、和大家一样的行动，也算是完成了边缘性参与么？这一点也是学者们批判共同体的地方——鼓励一致与惯习的沿袭，而非创新。

又突然意识到，在这个实践共同体中，我一直遗漏了"学生"这个重要他人！在新手的边缘性参与过程中，学生要放在什么位置？他要放进来吗？莱夫和温格当初刻意避免谈学校教育，他们有他们的理由；而我要是不准备谈学生的话，我要怎么解释呢？新手在进入学校共同体中时，要去领会和掌握其中的三要素，这三要素都是和学生有关或者就是为了学生的，但是，他在进入或者参与过程中，直接交往和互动而成长的对方，更是师傅及其他教师，他们给了他最直接的影响——进入的合法、参与的连续、交往中的学习。学生群体也应该算是一个实践共同体，这个共同体有其独有的实践三要素：话语、目的和相互投入。新教师对其也有个参与过程，但或许关起门来，新手立刻就是这个教室中的中心——就像资格考试时马万华老师提到的，在他自己的课堂里无所谓边缘之说。边缘是有场合、条件和交往对象的。或许我在画概念图时，可以表现出学生这个共同体，但坦白地说，我不准备研究它。它肯定会影响新手教师，就如洛蒂所说的，学生是教师几乎唯一的回报来源，他们是不能被忽视的。但相对于研究新手对学校共同体的边缘性参与、对整个教师群体的融入来说，我关注的重点不在学生身上，甚至我都不把重点放到课堂上看他如何上课的，我只是会看他在上课时如何受到其他教师、学校目标和大环境的影响，他对学生的看法、他的教育观是如何在参与过程中演变的，不知道这样合理吗？还需要进一步思考。

十三、心以应物，意到笔随

▼ 　　一份滚雪球滚出来的备忘录，挺有意思的，所以放在这里。有读书的趣味。

2009年1月6日，新的一年，可是我没有完成我的计划，没有开题！虽然初稿已经改到五稿了，但是我自己真的没有把问题想清楚！到底要研究什么，到学校要看什么？不过，读书无止境，而且会越来越深入其中，越读越有味道，滚雪球一样的扩展着自己的视野，欲罢不能。

围绕"意象"搜集资料，看到了钱锺书的《〈谈艺录〉读本》，《谈艺录》是周振甫、冀勤合写，在第二部分创作论中，提到了"心以应物，意到笔随""水清石见与水中着盐"……深得吾心！写得太妙了！我们的创作（包括写博士论文），起始是手不应心，心里想好的兴象意境，手写不出来。经过写作的长期实践，做到了得心应手，心里想到什么意境，手就能够如实表达出来。最后心和手一致，心怎样想，手怎样写，心的灵巧完全表现在手上。这个境界多么让人向往！

所以，我还是得多看书、多记录，时刻记录，有想法就写下来，勤思勤写。这两天在看马维娜的《局外生存　相遇在学校场域》[1]，提到的局内人、局外人还挺有意思。然后我滚雪球，又滚出两个来，都做做摘抄，后面会有用的。

p56　局外生存与局内生存，二者存在着一定的差距，前者更多表达一种既在场又不在场的复杂矛盾的生存境遇，后者则更多表达一种为

1　马维娜. 局外生存　相遇在学校场域 [M]. 北京：北京师范大学出版社，2003.

场域所接纳的生存境遇，但并不排除其中亦会有诸多情形。默顿认为，按照一种结构的观念，局内人是特定的群体和集体的成员，或者是具有特定的社会身份的人；局外人则是非成员。

p57　我们所有人在一种环境中是局内人，在另一种环境中又成了局外人，多种多样的局内人和局外人之间存在着不对称关系。《局外生存》阐释，局外人的第一件事就是认识自我。

从这里滚出了一个大雪球：局外生存（The Outsider）[1]。

p231　我们应记住，他们留下文字的东西是他们生命中最为不重要的东西，这件事正如庄子的书中"齐公和他的造车匠"的故事一样。

p232　圣人想必也是如此：那些值得传下去的东西已随他们而去，而他们把剩下的东西写进了书里，所以我说你读的不过是死人身上的浮尘而已。

p334　跋：关于"圣尼奥特边缘"这一概念，我还想再提供一个线索（因为这是个关键和核心）。德·昆西曾讲过一个关于华兹华斯的有趣的故事。他曾问过华兹华斯，他是如何开始写诗的，而华兹华斯的回答并不叫他满意。但后来有一天，他们一起去迎邮车，车是从凯齐克方向来。华兹华斯俯下身，把耳朵贴在地上听是否有地面震动的声音，但他没有听到声音，于是站起身，很快，他的注意力又被天上的一颗星所吸引，那颗星突然在他看来十分美丽。这时华兹华斯说："现在我可以向你解释我是如何写诗的了。只要我的精神集中到与诗没有关系的事物上，然后我突然放松我的注意力，当我放松时我不管看到什么，它在我看来都是美丽的。"

这显然就是我在卡车上时出现的景象，由于不便的威胁使我精力十分集中，然后，这种威胁一旦解除，就使各种感官没有束缚地膨胀，引起一种喜悦的感觉，一种对生活的肯定和确认。

于是，又滚出一个非常美妙的球来——轮扁斫轮。

庄子讲过一个著名的木匠故事（《庄子·天道》）：

1　科林·威尔逊. 局外生存 [M]. 吕俊，侯向群，译. 南京：译林出版社，2000.

有一天，桓公在堂上读书，轮扁在堂下做车轮，忽然，轮扁问道："你读的是什么书？"桓公说："是圣人写的书。"轮扁问："圣人还活着吗？"答曰"早已死了"。轮扁就叹口气说："那么，你读的就不过是古人的糟粕而已。"桓公听了很生气："你一个做轮子的人也敢来议论我读书吗？你要回答不好，我跟你没完。"轮扁就回答说："我就以我熟悉的造车轮这件事给你说道理，在我造轮子时，榫子做得松了，就会很容易地打进去，但却很不牢固；如果榫子做得紧了，就会感到滞涩，再怎么用力也打不进去。既不能松，也不能紧，轻重之间，得心应手，这就是我这工作所需要的，但这中间的微妙处却不能用口说出来，连我要告诉我儿子也说不清楚。由此可知，古人和他们不可传授的技巧，都早已死了，那些最精微深奥的道理，也同样不能在书中写明白，所以，你所读的书，不过就是古人的糟粕而已。"

十四、从浩繁的文献到清新的田野

这部分是两篇备忘的合集，虽然一直在为开题做准备，围绕着文献和理论在那里啃啊啃，但是陈老师的课题没有中断，一直坚持每一至两周去一次合作学校，也尝试着找身边符合"新手教师"研究条件的人做访谈、收集资料。就像前面所说的，一旦你定下了研究问题和研究方向，几乎看到的所有东西都会和你的论文有关，处处可以研究、处处可以记录思考，无论是浩繁的文献还是清爽的田野。从田野中感受到的东西和文献中的观点进行碰撞，又会产生新的东西、引发新的思考。

（一）接触两位新手教师

2008 年 12 月 10 日，我从浩繁的文献中抬起头来，去清流小学待了一天。和于萍萍聊了一个小时，总算了了心愿。但也让我更困惑了，从对她和李寒的访谈来看，我本来预想的边缘性参与根本都不是问题：因为她们都说自己进入学校、融入大家、融入语文团队都特别顺，根本没有什么困难，我要从什么方面来书写她们的边缘性参与呢，在看上去她们并没有经历一个"边缘"的过程的情况下？对于文献中讨论的权力关系、限制问题、新老矛盾问题，我似乎在她们身上都看不见啊，都说"大家都毫无保留地告诉我""一个都不能少""很快就很融洽了"……看来，如何定义这个边缘性参与很关键——或者我根本就选错了题目，或选错了对象？但再想，这样我还是在做质的研究吗？我先预想新手会经历一个边缘性过程，然后去印证它，非要从我接触的新手身上找出点我认为的"边缘性"迹象。这样合适吗？不合适吧。

但如果我不非要去找平常意义上的"边缘"，而是去看她们进入学校/语文教研团队这个共同体的过程——互动、自我反思、在挫折中汲取经验、学习和取经、心情与心境的变化、认同的变化等过程，或者说轨迹，直接把这种轨迹勾勒出来，然后再与我的"预设"进行比较，也许到最后我会得出一个相反的结论呢？如果要研究这个过程，我不能局限在新手个人身上，共同体其他成员我也要访谈。总是利用周三下午在办公室里看和听不行，还要单独与其他老师聊天。这会是很大的工作量吧。

回来整理访谈等田野资料，突然挺焦虑，感觉自己的选题似乎没有任何希望能收集到资料、能写下去。参与什么？如何参与？什么又是边缘性参与？这种参与有没有明显的开始与结束？我要如何找到合适的人用合适的方式（包括访谈）将我的研究进行下去？于萍萍的录音还在那里放着，我不知道她是否合适。她不是个热心和热情的姑娘，我感觉老是在她身外多少米之处的边缘徘徊，进入不了。不像李寒和田野，很容易就亲近了。但她是非常合适的，对我的研究来说。我不能放弃，下周再去找她。

究竟什么是边缘性参与？我把莱夫他们的"合法的"隐没掉，合适吗？这样岂不是篡改了他们的研究么？如果我能说明理由的话，有说服力吗？边缘究竟是个主观的词儿还是客观的词儿？突然想和杨钰老师聊一聊，因为那天她提起自己和清华一同学的对比：清华大学每引进一位新老师，首先有一个月的培训，然后好像还有其他一些支持措施。而她提到自己来到北大，一直都是自己在摸索，没有来自外部正式的支持。这让两个人感觉很不一样，我是否可以请她谈一谈：如果用边缘性参与这个词来表现她初入职这段时间的经历，是否合适？前提是我必须给她说明清楚什么是实践共同体和合法的边缘性参与，值得试一试。

12月23日，约清华附中的田野老师吃饭，再加上未名湖边散步的时间，总共聊了大约三个小时。从他小时候到大学、到工作，聊得我脑子里信息超载，事后竟然不知道该如何下笔整理我的思路。田野非常善解人意，并且他非常配合我的"工作"，我的一句问话能引出他的几十句话，滔滔不绝。因此转录会是一个非常艰巨的任务。但他的很多话特别妙，先写下来：

> 刚工作那会儿我就是从别人的眼里看自己；我就是一棵翠叶白梆大白菜，一眼就能看到底；学校就是我的娘家；学校是个散漫的共同体；我们教研室既相敬如宾，又亲如一家人。他们都罩着我；老师们就像一个村的乡亲；我觉得自己没有一个融入的过程，我就是在那里，一开始就做自己该做的事情，待在自己该待的地方；我们四个（新教师）都是你说完了我说，谁也安慰不了谁，没有谁是主导核心什么的，大家都是平等的，互相支持；我开会时几乎没说过话，因为我什么都不知道，我要做的就是听，听老师们说什么，我学……

在田野看来，学校是没有一个什么核心的，即使教研组开会，他的师傅田老师作为组长，也只是开会布置任务，然后其他老师发言和发表意见，并没有什么核心。教研室里也没什么内部的语言他听不懂或者进入不了的东西，因为一切都很顺利，其他老师对他都非常好，让他感觉很好——这和我访谈于萍萍和李寒的结果一样。我的难题又来了，究竟怎么界定新手教师的边缘性参与？显然，仅从新手本人的视角和感觉入手是不可能的了。必须从其他老师那里看和找信息，比如上次刘老师听课后对田野"根本没有重点和难点"的批判的背后，应该会有对他这个新手在教研室"位置"和参与度的定位？田老师对自己这个徒弟是什么看法？这些都需要我探究。问题不会这么简单，答案不会摆在那里就等我写下来，艰巨的任务才刚刚开了一个小头。我甚至还不知道该往哪儿走，这条路选没选对？先把这两次的录音转录下来再说吧。

（二）访谈曾经的"新手"教师

2009 年 1 月 9 号、10 号、11 号三天，连续访谈了三个做过老师的年轻博士，而且每次结束后第一时间整理分析、写备忘录。

首先访谈了同师门的学妹小于。（曾经在某小学工作过的）她提到自己当时就是在学校的边缘，"很边缘"，一开始对学校结构、哪些老师比较热情、哪些老师不好接触、谁比较权威等都不知道，需要自己慢慢琢磨，也不了解他们的核心利益，所以需要寻找很多支持。但实际上学校的老教师很排斥自己，做公开课的经历让她对学校彻底失望了。她认为学校既存的共同体肯定是有一个核心的，但人心很狭小，一加一小于二的现象很普遍。她也说，她的那一点江湖都是通过一次次参加学校会议打出来的。就是在最后面听、看那些老师（主要是学校领导）的勾心斗角和人心人面。

这一点跟碌碌师兄说的很像。当前我们的学校，其实根本没有书上所写的那种理想状态的共同体存在，老师之间的关系其实很微妙，即使是学校订协议的师徒之间，明文规定了师傅要怎么怎么样，他也不一定照做。而且对于我所运用的"边缘性参与"来说，在汉语语境下是个贬义词，好不好用呢？这其实也是我所担心的。究竟什么是合法的边缘性参与，什么样子的参与又叫边缘性参与？我都不清楚！他们建议我把框架放大一些，研究新教师的成长／专业发展，把边缘性参与和共同体作为一个切入点，而不是就围绕它来写，否则太难了，中间的度很难把握。但大家都认为这个会很有意思。每个老师都是从新手长起来的，包括所有的导师。如果我描述的这种边缘性参与／受支持的过程，他们会产生共鸣，有共情在里面，说明我的论文有意义了；而如果他并没有这么一个共同体的支持、成功的参与而成长，完全是靠自己摸爬滚打到今天的，他可能会质疑和反驳我，但这也正是我的论文的价值！我应该有信心！

1月10日，访谈了跟随课题组的王小林，她在其老家做过初中英语教师。其实后面这两次访谈都不是怎么正式的，我就是想多和几个新老师聊一聊，听听他们的说法，问题其实都是很简单和开放的，大致有这么几个：还记得当时的心情吗？感觉自己有没有融入学校教师群体？去哪里寻找支持？能感觉到有明显的教师圈子吗？你的参与过程如何、怎么参与？等等。如果他们提到共同体和边缘之类的词，我会像抓住一个金子一样高兴，有正中下怀的感觉——但这很危险，完全陷在我给自己挖的坑里了！

我一开始问她，你觉得你在那个学校适应得怎样呢？她说："我觉得没有什么适应过程啊，一开始就适应了啊。你只要进去，进了学校，你就是其中一分子了，就和其他老师一样了。只不过我觉得自己年轻，就尽量把自己的位置放低一些，处处向那些老教师学习，也表现得自己什么都不懂。她们会来教你。"当我给她说我想用实践共同体理论来描绘新教师成长时，她给我说了她认为当年自己所在的几个共同体，比如班主任、同头老师、读者俱乐部、研修课。在她看来，初入职就是一种"张开"的状态，什么都要学。但没有主心骨，很被动，处于飘摆的状态。对她来说，知识是底座，只有这个底座夯实了，才能"备学生"。也就是说，对新手而言，其实我们不能期望她能在了解学生、教学法知识方面多么得心应手，能多么关注学生，就像刘慧霞老师说的，还没学会走，就让她学跑，会飘的。如果他知识没夯实，就强调技巧要如何如何，只能是学生受损。新手还没有底，没有知识积累，根本不能很好地"备学生"。

1月11日，访谈了同宿舍的闫秋玲，她在河南某职业学院工作了五年，然后和我一样，读了（信息技术专业）定向博士。我问了一个关于边缘性理论的问题，她状态似乎很好，说了一些话很好很到位。尤其是她对边缘性参与的看法，对融入圈子的看法，给我很大启发。比如，她说边缘性参与的重点在参与，是要认清所处地位，然后熟悉适应的一个过程。你不能一下子融入，主要是认识到自己的地位，自己努力参与。边缘是一个需要认识的东西，适应的过程就是参与的过程。重点在参与上，这是对我研究的启发。而她对我的"融入圈子"的质疑，更让我警醒：我是否过于关注人际、过多使用含太多感情色彩的词汇了？如果是一味适应、打入各种圈子，关注的重点肯定是从本来把教学作为主要地位，变到打通各种人际关系（这个词儿有些不达意）方面。对教育工作不好，对自己也不好。过于关注人际、关注融入会使新手没有把劲儿放在应该用的地方。即使你人际好，进了某个圈子，但是如果教学、工作不出色，又有什么用呢？反而不如以任务为突破口和枢纽，通过围绕任务去接触人。"任务的参与是一个门的把手，把把手打开了，各种圈子你都能接触到了。因为教师本身的任务、工作，是教学科研，通过这种任务慢慢理解周围的人际关系。"一个人进入一个陌生的环境，是要天然寻找一个归属的，但没有必要一味去追寻、去依附，他应该有自己的关注点、任务意识，能有自己的创新和热情。关系会给人温暖，但是不是也会束缚人呢？圈子有它安全的一面，但也有它缄默的限制的一面，会用它自己的条条框框束缚人。其实这就是实践共同体的局限所在吧。

我在研究中，不要把新手意识到以及有意融入到某个"圈子"为重点，而是看她参与哪些活动，以活动为抓手，看她的参与和表现、她与人的接触和交往，把重点放在"工作""专业成长"的过程，而不是看她和老师们的关系如何。也许她与老师们都打成一片了，看上去"不边缘了"，但是工作业务上不被人认可，这种边缘性的参与就与正向成长不符合。莱夫的五个案例中也都是从新手的"职业"和"活动"切入的。

三个非正式的访谈，我收获很大，不愧都是博士，说的话很有道理、对我很有启发。访谈对话都一一转录在"新教师"访谈文件夹里，写了接触摘要单。接下来我准备做这么一件事请：

把她们对我的提问的回应——如她们对边缘性参与过程、学校共同体话题的回答和她们的反应，单独整理成一个文档，写好备忘录。因为这从侧面反映了我的框架有没有可行性，我可能从哪些方面入手继续走下去。或者此路不通，我需要另辟蹊径。

新手的成长、新教师的专业发展、师徒……这些文献我还要关注，不能偷懒。以前的文献不会浪费，那些都是我的资源。

第四章

从开题报告到博士论文

▼

终于到博士论文这出重头戏了。

当年终于坐下来、静下心来写博士论文时的感觉似乎还在——不能想、不能坐，想到一坐下来就要开始写毕业论文，就心慌、焦虑到手心乃至后背冒汗，迟迟开不了头，或者说不想开头。一入论文深似海，接下来就是煎熬奋战的日子了，想想都犯愁——但是，终究是要开始的！辛亏我在导师的"要求"下，养成了写备忘录的习惯，几乎每天、每月都在写。而且，一旦你定下来论文方向，你会发现看到的、听到的、想到的所有一切，都能和它扯上关系，什么都和你的博士论文有关！无论是听的课、看的书、聊的天、开的会、想的事，只要记下来，就是宝贵的素材。当年我一边浏览阅读自己建立的一个个文件夹、一页页备忘录，一边做笔记，记下哪个文件名下的第几篇第几页的哪段话与论文里哪个部分有关，或者是记下哪篇备忘录的哪个观点、哪本书中的什么论述可以借鉴到论文里。边翻看边记录整理，有些备忘录被直接复制粘贴到论文中，省了很多力气。今天，那个浅绿色小熊维尼塑胶封皮、一角用钢铁圆环固定的小本子还静静地躺在书橱里，默默回忆咀嚼着自己当年的功绩。

前面两章中的导师的耳提面命、课题研究的启发也都跟我的博士论文有关，而这个部分相对来说是从备忘录里整理出跟论文直接相关的内容，呈现脉络是从刚刚入学写给导师的"研究设想"开始，在导师要求下写了自己打算研究什么；然后是经过读书、上课、做课题等契机，"师范生培养"这个设想转变成"新教师实践性知识"的研究，然后又改为从师徒制和实践共同体理论切入研究新教师的成长。而博士论文要开始写，必须通过学院的综合考试——与研究问题有关的"文献综述＋理论框架＋方法论＋自选"的四篇论文——获得做论文的资格。一路走来，综合考试、开题、毕业预答辩和答辩，导师和同门给予了我各种支持和帮助。人这一辈子真的很难再有这样心无旁骛、专注高效做一件事的经历和精力了吧，感谢写博士论文的这段时光，充实了我、磨砺了我，成就了我个人的高光时刻。

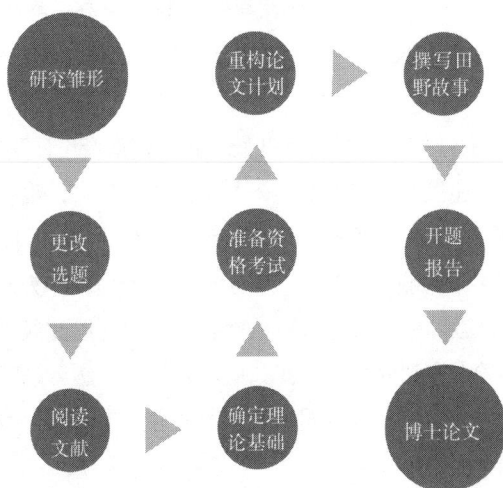

图2　从备忘录到博士论文的重要节点

一、重新设计论文计划

这一段时间的文献梳理和田野工作，就两个字，"沉浸"——是沉浸在文献中，也是沉浸在田野备忘录里，更是整个人沉浸在博士论文写作这件大事、这个伟大事物之中。但是进入后却会发现，时不时被"沉浸"其中的东西"动摇"：是这样吗？哎呀，怎么是这样？不对啊，跟我想的不一样啊？这些念头会让人很头疼、很无助，甚至自我怀疑。但是，按照过来人的经验，这些都是写作过程中必然会遇到的节点，或者说一个拐点，渡过它你就会进入一个新的阶段，正视并理清理顺这些看似或确实矛盾的地方，就是一个突破。一个突破加一个突破，论文山就被征服了！

2009年2月11日，新学期已开始，我需要重新设计我的论文计划。头脑一片混乱，还没有从假期的悠闲与忙乱中缓过来，没有进入状态，暂时把想到的写写，又是断断续续好几天，一天写一点，日记似的。

把学习的两个隐喻（参与和获得）放在最前面，作为研究背景中的一个显著部分，教师的学习融入成人教育的内容，以此谈（新）教师的发展。（但这类内容到处可见，我如何出新意？）然后是问题的提出：新手教师的学习、学校实践共同体、学习的方式（情境学习、合法的边缘性参与）。

这样，原来的LPP（合法的边缘性参与）就不再是我的主体，而是被放在情境学习、参与隐喻之下，放在实践共同体的背景之中了。

核心概念都要改变，框架也要变。

重要的是，研究问题要确定下来：新手教师是如何在学校实践共同体中开始他的学习的？这样行吗？我的理论框架还是温格的，参与隐喻我要再拓展一下，可以把它放在背景中介绍，它们两个都可以放在情境学习理论结构之下。所以，情境学习理论要作为论文大的理论基础。

简单构思一下，希望能出个大纲。

（一）两个隐喻的介绍：作为我研究的启发性思想

斯法德的文章我已经看过了，13 日在 google 学术中显示它的被引用次数是 785，可见它有一定典型性。我需要思考：他提供了怎么样的解释角度，他对情境学习、实践共同体、边缘性学习的看法和启示，从此角度解释"新手学习 / 发展"的独特性是什么？

新手的参与，是成人进入职业后的学习，参与其实就是专业化的过程，包括：个人方面的知识、能力、身份等，集体 / 社会方面有成为其中一分子、共同体的进步和再生产。这其实就是新手社会化与专业化的过程。参与越充分，身份获得越顺利，最后成为共同体其中一员，而对其个人而言，在知识技能、对教师职业的理解、教学内涵、对学生的认识、身份的意义等方面，也更加深入。

相比之下，原来的教师学习 / 成长方式，较机械单调直接，无论是获得隐喻，还是师徒，都是直接影响式的或者帮带式的，参与则有更多互动意义，包含物化协商过程。互动包括知识、技能、身份各方面，有其可操作性的一面，它是积极的、双方的，有结构二重性的意味。新手个体处在学校实践共同体之中，他的自我能动性和共同体的支持性，以及"权力限制"和惯例习俗的制约都对我有意义。

表 1　学习的两种基本隐喻（Sfard，1998）[1]

获得隐喻	比较维度	参与隐喻
个体的充实	学习目标	共同体的建构
获得某些东西	学习	成为参与者
接收者（容器）、（再）建构者	学生	边缘性参与者、学徒
提供者、促进者、中介人	教师	胜任参与者、实践/话语的保存者
财产拥有权、商品	知识/概念	实践/话语/活动
有、拥有	识知	归属、参与、交流

　　我在研究中既然要把斯法德的两个隐喻作为基础，那对新手教师的描述中，隐喻是不可缺少的。我已经搜索了这部分的相关文献，待阅。其中有一篇关于新手教师教与学隐喻的文章 *Secondary teachers' conceptual metaphors of teaching and learning: Changes over the career span*，提到隐喻的时间变化。最初，是教师自我中心，有些隐喻是稳定的，比如养育、提供工具，而投入到共同体之后，随着教学经历的增多又减少了对共同体的关注。这或许显示了教师教了许多年后，更倾向于把自己的教学看作自我引导，很少倾向于通过参与共同体进行教学——这个观点启发了我，共同体是否对新手更有用？集体的力量更大？但每个有经验的教师都是在集体的力量之上自己努力摸索提升的，或许对实践共同体的依赖有个时间限制，是一条下降的曲线？

　　但想想又不尽然，刘慧霞老师提到她所在的同头教学组，她会受另一个老师的启发，虽然她认为其思路其实并没有什么特别好的地方，但两个人一起备课总比一个人好。所以，同头教学组算是给我的实践共同体又添新丁。

（二）情境学习理论的相关内容

　　情境学习理论有心理学的情境认知视角和人类学的视角。二者是可

1　Sfard, A.. On Two Metaphors for Learning and the Dangers of Choosing Just One. *Educational Researcher*, Vol. 27, No. 2, Mar., 1998, pp. 4-13.

以融合的，而我的关注点在后者。边缘性参与／人类学情境学习理论其实就是社会学习的方式，与心理学的情境认知重点不同，它是从成人／社会学习中提取出来的。我要从文献／理论中提取相关要素，分析新手教师这个成人的学习，它有哪些要素。实践共同体本身就是这样一个情境，以它们为要素和背景探讨与当前教师发展的相关研究有何不同／创新甚至超越。所以，教师专业发展方面的东西还是要看的，尽管它太泛滥了。待查。

另，我是否还要查阅职业教育方面的文献？

（三）实践共同体本身及其三要素

虽然我不直接宣称我要研究新手教师的发展，但其实无论情境学习、实践共同体支持，还是边缘性参与理论，其实都是讲的教师发展。是什么样的发展？怎么样发展？发展成什么样子？最后要有个东西，表现出教师学习的状态和过程，然后是学习发展的表现／表征。我可以扣在实践共同体三要素（共同的事业、共享的技艺库和共同体成员相互的投入）上，以它们为新手学习的表征／判断标准。

原来的教师共同体有其 pattern，routine，如说话程序、开会程序，而新手来了以后，会不会改变？有何改变？新手在里面是如何与其他成员互动、评课、集体备课的？他的解释为何，然后又如何反思，如何采取下一步行动……揭示出一些主要概念：知识、技能、关注点、感觉（比如感觉工作更有意思，又反弹回去，对师傅产生影响）。舍恩的写法可以给我借鉴，从微观切入双方的互动重构。这里可以用叙事的方式呈现，比如尝试先写一个故事，我到底关心什么，能够关心什么，树一个典型样例。

在《偷来的知识》一文中，提到了颜料和砖头的学习隐喻，挺有意义。作者指出，LPP 最有意义的一点是，从学习者而非提供者角度思考问题。学习者的参与、意义的制造、认同的协商都是个体能动的，别人不能代替。而这种能动又是处在一定结构之中的，个体与共同体之间存在辩证关系。

重点在于呈现出实践共同体内的互动动力学，即个人维度与集体结构之间的互动。如果把它作为新手学习的要素/表征的话，那个人从边缘的新手到充分参与，其中发生了什么？围绕三要素，我可以自己提炼一些可操作的概念，为我所用。比如，共同事业方面，不再把职业仅作为谋生的手段；投入方面，非仅仅教书，还有读书会等其他归属；知识库方面更加明显，能理解和加入其他人的"场合"，顺畅沟通。而共同体对个人的回应又如何？或者对那些成功的个体而言，什么样的共同体更有优势，其必要条件是什么？如文化、任务清晰、经验库开放丰富等。

不过，还有个必须考虑的"预设"：学校/教研室就是一个实践共同体，实践共同体就是好的。其实这个和我之前预设新手要经过边缘性参与过程进入学校是一个性质的。我的前设太强？我们需要共同体吗？我们认识到它了吗？现实可能是认识到了，但不用；或者是没有认识到，所以不用。如果学校有缺失，可以研究。它本身其实是一个理想状态，学校是社会性的，是科层制的，但共同体倡导的是任何人都可以成为中心，不断变化发展。那么学校不可僭越的层级就需要特殊关注。我如果假设研究学校/教研室是实践共同体，这是为了研究的方便，到最后我需要单独澄清这个问题。我要从哪里切入，怎么走，走到什么状态？

（四）故事展示的问题：新手的初始状态——参与过程——参与"结果"

或许三维空间叙事能用上，把那个也要搞清楚。

如何说新手是在参与中学习？学习到什么？我需要自己拟定几个要素作为判断标准，否则从哪里入手观察、描述和给出结论呢？这里是否可以把情境学习的要素与共同体三要素结合呢？比如，有关情境要素的讨论有：1.情境学习模式的几个关键组成成分：故事、反思、认知学徒制、合作、辅导、多重实践、学习技能的连结（articulation of learning skills）、技术；2.Stein 认为情境学习的要素有：内容、情境脉络、共同体、参与；3.McCoy 将情境学习的特征分为 a. 情境脉络（Context）/ 剧本（Scenario）/ 故事（Story），b. 知识（Knowledge）/ 内容（Content）/ 学习成就（Learning Outcomes），c. 学习环境（Learning Environment）/ 活动（Activities），d. 评量（Assessment）。我可以把它们精简合并，与共同体对应：情境脉络 – 共同的事业（用故事形式呈现）、参与 – 相互介入（认同与协商的交互）、内容 – 共享技艺库（双方的协商与试探）、评价。每一部分都分别设计访谈问题和观察提纲，操作性如何？

又看了几份关于成人学习的文章，或许 Mithell, J.Clyde 的社会关系网络理论，情境理性尤其是哈贝马斯的东西我要扩充进来。还提到了库利的次级群体，这个可能也会用到：新手或者师傅在交往中或许会把原本属于次级群体的人际初级化，如高凡和于萍萍。但田野和田老师或许就少一些。日常交往和非日常交往，这些都是可以融贯的。

饶见维的情境化思考：指人类的思考活动借助于外在情境中的事物来进行，是密切依赖外在情境的一种思考方式。还有分布式认知，我也应该注意一下。杜威对情境的描述也非常丰富，可参考。Position、定位、定位理论出现的也比较多。

很大的工作量，但要相信自己！

之所以把这个过程中的星星点点也保留着，是想让读者看到，沉浸在文献资料和田野资料中时，在已有理论、个人理论和实践碰撞中，产生的火花、迸发的灵感甚至是"灵异第六感"，都必须记下来，即便后期放不到论文中，它们也是对头脑的刺激和启发。更何况，万一用得上，岂不一举两得？我上面提到的每一个设想、每一个概念如三维空间叙事、情境理性、社会关系网络、人际关系初级化、分布式认知等，相关论述和想法都用到了论文中，有些甚至是原封不动复制粘贴过去，省了很多时间和精力。所以，读、读、读，写、写、写！无他，唯动脑动手尔！

二、我读《临床医学的诞生》

现在整理起来还记得当时实在太喜欢福柯的这本书，以至于去合作小学的时候也带着——因为有个小尾巴没看完。当时那所小学的校长瞅到这本书，很惊讶地说："哎呀，博士，太厉害了，什么书都能看下去！"还记得跟陈老师去清华附中参加刘老师的读书会，陪她走回蓝旗营，一路上我都在谈这本书，兴奋不已。所以，专门为这本书开辟了一节，推荐给读者。而且，这本书也的确对我的写作有帮助，有很多好的点子。

2009年2月21日，终于把修改的开题初稿写完了，发给林小英老师，请她帮我看一下。然后就感冒了……不过早上还是起来读书，因为福柯的《临床医学的诞生》[1]实在是太引人入胜，令我手不能释卷，都忘了吃药和吃午饭……

之所以对福柯感兴趣，是因为读文献的时候，看见好几位学者提到他的注视/凝视（gaze）。如，知识在看和说结合处形成；没有医学上"注视"的新来者，就不能以任何真实的方式在医学领域创造合法的知识；只有当新来者占有/采用（appropriate）医学注视，因此把自己变成医生，他才能创造那种共同体能"看"到的知识。但是在这个时间里，他被医学注视如此牵连，它形成了医生所看到的，并使得医生所看到的东西产生偏见，为了他的生存和威望被注视套牢，注视使得某些东西不可见，所以他们接触不到或者很少认真考虑，等等。所以我"滚雪球"，买来

1　米歇尔·福柯.临床医学的诞生 [M].刘北成，译.南京：译林出版社.2001.

他们引用的书《临床医学的诞生》来看。很佩服福柯，他对医学竟然也如此"精通"，理解如此透彻，仅仅通过对医学文献和资料的研读就写成这么一本意义深奥的书。不过，虽然精彩绝伦，但我发现其实可直接用的东西并不太多，尤其是因为医学案例、医学史的东西占了较大的篇幅。但仅仅可以用的那几个地方就足以启发我了，摘录几段放在这里吧。

P71　在各种感觉和全部知识来源中，眼睛最能做到大智若愚，能够灵活地回复到其久远的无知状态。耳朵自有其偏好，手自有其痕迹和褶皱；眼睛与光有天然联系，因此只承受现在。真正使人能够恢复与童年的联系、重新接触到真理生生不息状态的，则是这种明澈、疏远、开放的纯朴目光。

有关世界的话语都要通过睁开的眼睛，眼睛在每一刻都仿佛是第一次睁开。

P98　当认识主体进行自我重组，改变自身，并开始以一种新的方式运作时，新的对象也相应地主动向医学目视呈现自己。因此，不是疾病概念先发生变化，然后辨认它的方式也随之改变；也不是特征描述体系先发生变化，然后理论也随之改变；相反，它们是在更深的层次上——疾病与这种目视的关系层次上——同时发生变化。疾病是自动呈现给这种目视并构建这种目视。在这个层次上，理论和经验、方法和结果之间是无法区分的；人们必须解读可见性的深层结构，而在这些结构里场域和目视是被知识符码联系起来的；在这一章里，我们将研究这些符码的两种主要形式：征候的语言结构和病例的随机结构。

P126　描述就意味着追寻现象的排列秩序，也意味着追寻现象产生过程的可识别序列；这既是观看，同时也是认识，因为人们在说看到什么时，也就自动地把它整合进知识里；这也是在学习观看，因为这意味着正在把进入一种能够驾驭可见事物的语言的钥匙交给学习者。

看、说，通过说出所见之物学习观看。

现在想想，其实读福柯和读哈贝马斯的书（他的后形而上思想中提到情境理性），都是跟我的一个担心有关：论文只用温格的那一个共同体理论能行吗？是不是太单薄了？太撑不住了？没有一些"大家"或者"哲学话语"似乎就不像个博士论文。而且更可怕的是，连研究对象于萍萍都说，"你的题目太窄了，我觉得你根本就看不出什么东西，很简单，就是新教师能给老教师带来思想和思路的充实，而老教师给他们经验，事情就这么简单"——是如此简单而已吗？或许这种你来我往的背后，有很深刻的东西需要我挖掘？我只能这么说服自己：无论如何，要结合开题报告设计几份提纲，访谈清华附中的田老师、刘老师，再和田野老师聊聊。周五争取去清流小学参加他们的语文教研会议。然后抽时间跟杨朝晖老姐去参加他们的家委会，访谈许春令。

三、两位老师对开题报告初稿的反馈

2009 年 3 月 1 日的备忘录，记录了当天的重大收获。

收到了两位老师对我的开题报告的反馈，其中的好建议被我直接或间接地融汇到论文中了。

（一）博士后的意见

学院的博士后张广斌专门打了电话，我一边听一边速记。后来把自己的回应也一并写了出来。

（1）你的特色在于教师的社会性学习、由新手教师到专家型教师过渡成长的内在机制。

其实我并不准备把目标定这么高——到专家教师——我只是想探究新手目前的"成长状态"。

以往的研究都是站在外来者立场，而你的研究是以"我"的身份进入，但同时又要把自己悬置起来。把教师放在共同体场域中，那这些共同体与以往的教研组等形式相比有何超越？

这一点非常重要。既然我还是以教研组、年级组等即有形式进行研究，把这些即有形式作为实践共同体，那么到底有何区别？到底有何超越？我只是新瓶装旧酒吗？只是给即有的模式加了个新名称和时髦名词而已吗？我需要说服自己，说服别人！

它需要在实践中突破原有的经验模式，而不只是一种理论模型。需要在这方面有所突破，即学习的社会性、共同体与以往的团队团体实践表现形式相比的超越之处。

（2）教师专业成长的最终标志是什么？课堂、学生？课堂是非常重要的，或者是最终的目标。更需要关注学生的成长。

这一点我考虑过了，在之前的报告中有涉及，我不准备把学生和课堂作为专门的一块来研究，原先的想法是就学生共同体而言，教师根本不需要有边缘性参与的过程，但现在我转移了主题，相对于学生实践共同体而言，教师也需要有与之互动的过程，需要我关注。不管教师做什么，不管是共同体还是教研组，最终不都是为了学生吗？所以，我忽略它合适吗？但再想，其实我并没有忽略，在每一部分内容中，都会牵涉到学生，都有学生在场。只是看我的重点分析在哪儿了，这是值得我考虑的一个问题。

（3）新手所在的实践共同体，或许都是一种理论性概念，而在实践层面上，是否都存在呢？如果存在，是否都指向其专业发展？或许在理论上它符合三要素，营造了共同体，但也许只是利益联盟，不一定对教师有发展促进作用。

这一点非常正确！究竟什么样的实践共同体形式能达到我想要的效果？当初陈老师也建议我找不同的对比，看看好的、能促进教师发展的共同体符合哪些条件，描述出来的话，就有我的实践贡献了。

你需要在实践中分析，是不是都存在三要素，是不是有了三要素就一定是促进成长的共同体了？

这一点在与刘老师的访谈中也提到了。直接说或者提问访谈对象三要素是不可能得到什么的。要把要素具体化，否则抓不出东西。而且，这些要素一定是要像温格所说的那样明显和有效吗？实践中到底发生了什么？我不能动不动就把三要素挂在嘴边，那些是温格提炼出来的东西，在我的学校里到底存在着什么、发生着什么，是需要我再看再总结的。我需要先细化问题，然后在现场去捕捉，或许到最后，我会发展出自己的三要素或几要素来。

（4）没有实践共同体，教师也一样发展啊。所以它的好处一定要讲透彻，如节约成本、更好地解决问题，以往的实践性组织或许实效性不如它，而以往的理论思想或许也不能解释或者解构现有的发展形式，所以需要实践共同体。你要解释好。

这个我举双手赞同！

（5）针对研究框架图，从新手到专家的"参与"过程，其所需的场景是不是必须是实践共同体，如果是，为什么？他的专业成长中，生成新的意义是什么意思？回路是谁的？个体的意义和共同体的意义各是什么？

意义一词也是我从温格那里生搬硬套过来的，而且读书课等场合也经常提到意义。可它究竟是什么？我考虑过吗？只是想当然地感觉这个词很有"意义"，很有深意，似乎每个人都知道它的"意义"，但是究竟要如何把握它？如何说个体生成了新的意义，是发生了参与？有了固化物？产生进一步的认同？得到别人的认可？或许不管怎么样，它最终都要落实到个体身上。个体感觉到才能叫意义。

路漫漫啊，我还需要做很多工作，尤其是概念的操作性定义。必须细化问题，让自己到实践中有看的东西，知道要看哪些东西。

（二）林小英老师的建议

在学院年轻教师林小英的家里，她给我了特别棒的质询和建议，林老师的睿智与大气一直让我羡慕不已。结合她的质询和建议，我整理了如下几点。

（1）把自己要介绍的东西都尽量放在文献综述之中，集中干净地呈现；理论框架需要再充实，实践共同体理论的脉络要梳理，它自温格之后的发展和相关研究需要交代。

（2）实践共同体作为一个学术概念，温格提出的时候不是针对学校，而我要把它和学校对应起来，我的理由是什么？特色是什么？这里可以做深一些。要把我看到的这个具体事物——学校，与实践共同体这个理论概念对应起来。在提出研究问题时，应该凸显这一点。把研究问题理论化——学校作为一个共同体，教师作为个体如何进入这个共同体；而学校又因为有新人的加入起了什么变化，这就是经典的吉登斯理论。所以这是一个非常好的问题，往深里做，可以做出很好的社会学的东西；而不想做深，就可以像徐碧美的研究那样。实践共同体应该是我在实践研究基础上的理论抽象。我研究的过程，就是不断寻找研究概念的上属概念。如果说实践共同体是一个种概念，那学校就是它的属概念，它是我给予学校的指称。教师是怎么参与的，他作为个体，可以用到个体和集体的关系，个体组成了集体，集体约束个体，集体是由个体组成的，但一旦组成了集体，又形成了凌驾于个体之上的力量，反过来约束个体。这说的就是教师和学校的关系。学校都期待输入新鲜血液，新教师的到来会有更多的生机和活力，而另一方面，教师个体来之后也想要了解学校的文化、成文和不成文的规则，以便更好地融入进去。其实这就是结构对个体的期待，个体对结构的适应以及预设，个体的预设与结构的约束相互作用，就是新手对共同体的边缘性参与。学校作为实践共同体，教师作为反思性实践者，非常好的两条线。（所以，我的理论基础用这两个的话，应该可以了。温格的实践共同体里其实缺了反思这一块，而反思对教师非常重要。所以，舍恩是我可以求助的对象！）

（3）突出教师的反思，因为教师是独有的对"人"的工作，它是必须反思才能进行的工作。我需要做一个很重要的工作：增加"对应"，使思路更加深邃。即，教师对应社会学中的个体，实践共同体对应社会。任何社会／国家都是想象中的，并没有固定的界限，但身处其中的人都"心甘情愿"地"身处其中"，重要的是有一种情感的归属、心灵的寄托，教师之于学校共同体也是如此。教师需要学校，学校也需要教师。（不是精确还原林老师的原话，但大致如此。这一点给我很大启发，让我联想起田野的"一个村的乡亲"，于萍萍的"我是学校的人，我不能给学校丢脸"，新手们对学校的这种归属感和情感寄托，是我描述他们成长的起点。而他们又是如何产生这种感觉的？自进入学校那天起就有了吗？还是在活动中慢慢生发并强化的？这就有能动性和社会结构的交互作用了。它有想象的成分在里面，新手需要通过想象中的"归属"和共同体，使自己在学校中更加踏实和有根基！）

（4）我的研究可能要跨越好几个领域，社会学、心理学、教师教育，在一个宽和深的根基上才能搭建这座大厦。

（5）我需要让自己的思路更深邃，提高高度，或者说在教师之上抽离，从教师这类人推广到其他。如果论文就教师看教师，就事论事，那就太普通了，因为它不能一般化，我还需要做一个工作：我的这个理论可以用到学校之外的实践共同体吗？它可以一般化吗？（这个我还不太敢做，因为我不知道最后会出个什么东西。如果我能给其他人一个分析学校教师的范例，就很好了。如果还能推广，就好上加好了。）

当我说到感觉操作性不够，不知道到现场该看什么，比如三要素各是什么？林老师建议，这其实不是我的问题，而在于把我看到的东西归类。我就问新教师这两年是怎么走过来的？你刚进来怎么样，跟同事、跟教研组、校长都参加了什么活动，学校的组织架构如何，你有什么感受？共同事业其实就是一种认同，大家都在做，都认同，它才存在；共同事业其实就是口头上的认定。所以，问新手的感受，问大家怎么一起备课、听课、评课，甚至放学后大家结伴去吃饭，谁去吃，为何不叫哪些人等，都是宝贵的资料。然后，看这些资料能指向哪里，归类到我的理论分类中，而这些理论分类又可以从哪些资料中看到，能从哪些碎片和片段中找到，比如哪里能寻找到理论上的"知识库"。这就是理论与实践不断来回互动的过程。（我手头有不少资料了，可总觉得好像没有什么价值，没有从那些所谓的直接的"理论问题"入手问，所以可能用处不大。但其实不是没有价值，是我的眼睛缺少发现，点点滴滴、零零散散的句子，其实也可以汇集成大的"例证库"。只是，我还是困惑于访谈的问题！需要再进一步思考。）

林老师指出了我开题报告需要补充的非常重要的一点：我一再表明了我去了很多学校，研究了一些老师，但开题报告里却没有提到这些内容——我走到哪一步了？我探索到了哪些东西，初步回答了我提出的哪些问题？我用了实践共同体理论、情境学习理论，那么，我在实践中提升到哪一步了？资料给我了哪些提示？理论抽象到哪一步了？这个工作一方面能说服自己，已经确定了哪些问题，下面要往哪里走，要做哪些改进。把这些内容呈现出来，就是指明了自己思维的走向。另一方面，当答辩时，就不会为他人左右，而能批判性地吸收批评和建议。（我用预研究的形式补上这一块，看能不能作为我的初步结论呈现出来。其实我真的已经有了一些东西，只是还没分析；我也写了那么多的备忘录，有了很多的"反思"，就算不是多么深刻，但都是我独有的对问题的看法，是别人没有经历而我经历的过程，所以我把它呈现出来，就是增加了我的说服力。现在的关键是，我能得到哪些初步结论？我要从哪些方面、如何呈现这些结论？要抓住研究问题！只是我还不能确定我最后的研究问题，这是我首先要做的！新手与共同体之间到底发生了什么？）

后来在质的研究课上，林老师又给我一个好建议：可以把量的研究糅合进来，比如呈现学校几年来进新教师的情况，画出一个数字曲线，这其中其实就包含了一个很重要的信息——学校对新人的期待、期望。而进来的这些新教师目前情况如何，有几人已经升至了较高的高度，如担任重要职务、发展很迅速等情况，也能说明学校这个实践共同体与个体之间的关系。

是的，学校大背景我必须要了解。网络、访谈、文字资料，用多种方式收集。

四、终于定了开题日期

开题是资格考试后的一个小高潮，资格考试是拿到了写博士论文的资格，开题报告则是勾画出博士论文的蓝图，一步一个台阶，一步一上升，朝向博士帽行进。从开题报告初稿到反复修改再到定下终稿，前前后后历时五个多月，这还只是显性的可历数的时间，隐形的准备与铺垫是不可数的。这一篇汇集了当初好几篇围绕开题报告的深入思考和修改思路的备忘录，期间有困惑、有欣喜，有犹豫、有坚定，一个阶段一个阶段的累加，记载了我怎么最终走向成功开题的过程。

2009年3月31日，四月即将开始，要面对开题这件大事了。还要继续修改，争取把再拟的开题报告拿出来，不是用原来的大框架，而是从参与和物化这一对小架构入手，把新手教师与师傅及其他成员的互动与对话场景呈现出来，而三要素以及认同等话题杂糅其中，不知是否可行。但从参与和物化这两个角度切入，会不会太小？会不会抓不住东西？应继续思考。又整理了一下两位新教师的接触摘要单，制订了五一放假前的计划。尤其是提醒自己，不要忘记问问：各个学校近年来进新教师的情况，或许画个曲线图出来，能帮助我把握一下学校给新教师的定位。

如果要做文献，看新手教师的学习，那么"学习"也要整理？看到一篇挺有意思的文章——《培训新教师的导师：来自荷兰的经验》，存在师徒文件夹里。想起今天首师大附小的凌波说，她的学习过程是一种试错的过程；而她的师傅杨老师提到，爱是一种理论，是书上的理论，你要把它变成实践、变成方法策略，变成你的语言、表情、肢体语言等。这种经验传授和学习领悟的过程非常有意思。清华附中的田野老师为每本书上都写要爱学生却不教人怎么爱而感到苦恼，可是听了读书会讨论中两位老师的现身说法，他突然领悟到了，并联想起自己把小乌龟放在手心的那种"柔软"的感觉，体会到什么叫爱学生、如何爱学生。新手教师的学习不是孤立发生的，也不是单纯从书本上学习，甚至不是从书本上学习，而是在与老成员的交互中、过来人的现身说法中、对话的场景中、他们大声说出自己"做事"的过程中进行学习的。这种学习不是习得了什么明确的知识，可能叫它为领悟、把握更合适。它必须与其自身的实践结合在一起，能引起共鸣、能与他实际的问题挂钩，才能习得。否则，经验/实践性知识是不能直接传递的，学习的过程不是导管的传输，它有情感和个人理解与内化接受在里面。

无论是跟着田野那次的读书课，还是后来杨老师讲故事、她对凌波的"评价"，都让我坚定了这个信念：这里的爱就是理论。是书中能够告诉我们的，我们就要把其换成行为方式，换成我们的口头语言、肢体语言，换成我们和孩子之间的神情与眼神交流，那就是在点点滴滴当中爱的方方面面的体现。

把爱和了解从理想、理论的状态降落下来、落到实处，如何做？像田野那样，看到一个爱和了解孩子的老师的言传身教，产生顿悟？对新手教师来说，给他们讲大道理、讲原则、讲要怎么做，收效是很少的。把抽象、一般和普适的东西可视化、具体化，最好是通过故事的方式让他们共鸣，能抓住具体的东西来领悟。所以，新手教师的学习需要有人陪伴、指点、在身边不断提醒，有意识或者无意识的，在共同体或非公非私的团队中，既不是出自纯粹的个人目的但也不是纯粹帮助他人的意愿，其成员（如其他老教师）以过来人的口吻，说一些鼓励的话，说一些"当年我也这样"的话，都会给新手教师的学习增添燃料。他们的参与被看到、被认可、被欣赏，他们的"成果"被可视化、被承认，既是他们自身身份地位的巩固、自我认同的增强，也是共同体发展的契机。

4 月 5 日，把《群体过程》[1] 翻完了，似乎对我有用，比如个体对群体的勘察、自我概念的变化、从众性、社会范畴化、社会认同作为个体自我概念的一部分等。而 50 页上有一句话："费斯廷格（1954）首先提出人有一种普遍的内驱力来评价我们自身的意见和能力……我们会选择和我们相似的他人（进行比较）。在能力上和我们相似的他人的成就，担当了我们自己可能的成就的一个向导。"这让我想到了于萍萍和李寒这两位新老师的"暗地里较劲儿"。

新手教师在自己成长学习的路上，会自发地找几个参照，激励自己、评价自己。这个参照可能是榜样性的，如田野的师傅、于萍萍的校长，都是他们努力的方向，希望能成为他们那样的老师，并以此来衡量自己的现状和进步；但同时，他们又都没有把这种榜样作为评价自身的标准，就像田野说的"跟师傅比，我找死呢！"他们是从自己的同辈 / 同工作年龄的人那里找比较的。李寒的到来让原本是组里小不点的于萍萍，有了一种"不再是最小的、什么事情都有理由可以被原谅"的感觉，组里其他年长的老师不会再像以前那样觉着小于萍萍这样做如何如何，而是会想，人家李寒怎么做得那样好呢？虽然谁也没有明说，但组长不止一次让于萍萍多听听李寒的课、多向李寒学习，这让于萍萍暗地里较劲，不服输的念头让她狠抓学生成绩、天天留学生补课，以至于期末考试，她教的两个班平均成绩超过了李寒的班。然后，两个年龄相当、教龄相当的年轻人，都在彼此较劲了。通过比较，她们巩固 / 改变对自己的评价和别人对自己的评价。

4 月 20 日，在修改开题报告时遇到了困难，本来想在背景中加入文化，带出我为何把学校看作一个实践共同体,写了这些话："蛋壳结构、巴尔干文化似乎成为人们对学校文化的刻板印象，如果深入学校、深入年级组或者教研室，我们会发现老师们之间交往的内容和方式其实非常丰富，尤其是对新手教师而言，周围每一个老师——他们的一举一动，他们的一言一行——都可以成为他学习的对象。自他们进入学校、接触

1　布朗 . 群体过程 [M]. 胡鑫，庆小飞，译 . 北京：中国轻工业出版社，2007.

到其他老师，不管这个学校有一种什么文化，就不可避免地开始了学习，只是学习的效率和效果存在差异而已。而且很重要的是，与巴尔干文化相反，现今的学校非常重视整体性的建设、共同体感觉的营造，如果我们把学校作为一个实践共同体来考虑……"但是似乎写不下去了——既然这种孤立文化存在，也有教师互相不让听课等情况的存在，我如何能够自圆其说呢？还是按照原来的形式，在背景中就直接引入这个概念吧。好头疼。

4月25日，修改完了开题报告，做完了汇报用的PPT，与以前不同的是，我加入了很重要的一块，即学习的结果，新手学习到了什么。有三个部分，学习如何去教、理解教的意义、把握教的自我。即教什么、教为了什么、谁来教。作为一名教师，他要考虑的不外乎这三方面的事情。尤其是新手，想着要赶紧掌握教的本领，能备好课、上好课、了解学生，能从学生的眼神中就看出学生在想什么。很多有经验的老师都提到这个"本事"，同时，这好像又是只可意会不可言传的技艺，他们也说不清楚到底看什么样的眼神知道哪一个事情，为什么叫起张三之前就能知道他能把自己提出的问题回答到哪个地步，李四又可以给他补充到什么程度。这些都是新手羡慕不已的本事。他们自己是怎么做到的？如果说这是经验的结果，时间长了自然就掌握了，那我们就是在被动等待他的成长，而不是像维果茨基说的学习走在发展的前面。试错固然必要，但是指出学习的路径、内容和方向，加速或者清障成长的道路，会给我们的教师教育增添乐观色彩。

新手在实践共同体中学习，是我的假设；他必定能够学习，这里的学习是参与意义上的学习。以往的学习研究，都是从一些具体的措施如师徒、校长等行政支持和帮助备课等心理支持和技术支持入手，是单路径、直接式的讨论。新手作为成人，做中学，身处学校、教研室、师傅等有经验的教师和同伴群体之中，互动、参与活动，一天天看着、做着、学习着。学习的内在机制、外在表现需要揭示出来：如何参与、如何把参与固化下来；学校各部门以实践共同体三要素为指标，构建发展环境；

教师个体则可以通过反思日记、集体讨论等结晶固化形式，积极促使进一步的参与；同时，为学校、其他教师、教师教育者提供切实可行的帮助。

4月26日，再看开题报告时，突然感觉自己的文献太单薄了，只是呈现了新手教师研究、情境学习理论、实践共同体理论，很不深入。它们还分别缺少很多基础性的文献，比如教师专业发展、学习理论、成人学习理论、教师知识、建构主义、分布式认知。另外，对情境学习理论和实践共同体理论缺乏深入梳理，尤其是缺少哲学家或者大家的理论支撑。情境理论被认为是杜威理论的翻版，所以杜威的东西我应该拿进来，还有哈贝马斯的情境理性，是不是都要看和梳理呢，要不基础太单薄了。不知后天老师们会不会质疑我的这个方面，好恐慌。

另外，我关于学习的三个结果的表述是不是太简单了？当时陈老师给我说了几个方面（其实主要都是她给我的启发，如知识、职业意义的新认识、学习结果的表述……），我把它们放在框架图里作为非常重要的一部分——新手教师看到之后或许能够对照反观自我，来改进或者努力。我能不能说清楚？更重要的是，因为它们是刚刚才形成的东西，我在与几个对象访谈时都没有直接提到，但我知道我能够从手头的访谈记录中找到它们。我决定开题过后，趁周五回家之前和凌波、田野两个人聊一下，如果直接问他们"你这两年学到了什么？"这个笼统但直接的问题，我能得到什么？

五、我的博士论文开题报告

这里呈现的是我在 2009 年 4 月 28 日呈上的完整、真实的开题报告（参考文献省略了），标题标号、表头表号也没有改变。这是我求学生涯中非常重要的一个成绩、一个里程碑。开题顺利，未来可期，路漫漫有待继续求索。

《新手教师的学习研究——参与到学校实践共同体中》
开题报告

一、研究的意义和背景

本研究中的"新手教师"，指经过系统的师范教育与学习，刚刚从事（中小学）教学工作 1 至 3 年的教师。"新手"这个称谓意在强调其在任教经验方面的"空白"，区别于某些研究中把中途转行、转学科和年级的有经验的教师也称为"新"教师的说法。教师在初执教的新手阶段所获得的专业经验会严重影响其日后的专业发展质量，其在专业上的教与学经验，更会强而有力地反映在教师生涯态度及专业行为上，是决定一位教师专业发展的关键期，这段时期能否胜利"存活"（Fuller，1969; Burden，1982）和渡过危机，决定了他们是否继续留任还是离开教职，或者成为"挣扎中的初任者"（Glatthorn & Fox，1996）。

同理，新手阶段研究是教师教育研究中的关键一环。教师教育一体化、建立开放的教师教育体系，是世界教师教育改革的趋势。20 世纪中期以来由"师范教育"到"教师教育"的称谓变化，其实也标志着对新手教师教育的特殊关注。对这一阶段的研究可以为提高和（重新）设计职前与在职教师教育计划提供重要信息（Veeman，1984）。如何打通教育的语言和实践的语言，融贯职前教育和入职教育，是教师教育的重要问题。而对新手教师成长的研究，包括成长需求、特征、困惑等等的研究，必然会对解决这个问题作出贡献。

人天生是会学习和需要学习的，学习是其生命中不可或缺的部分。成人更是在亲历亲为的实践中、在人与情境的互动中无时无刻、随时随地都在学习，做中学、交往中学。2007 年国际成人教育协会第 7 届世界大会的主题是"成人学习的权利：相聚、团结与行动"，终身学习、终身教育和构建学习型社会成为各国政府和人们关心的话题。这是自 20 世纪八十年代以来对成人学习越来越系统的研究的最好诠释。而没有什么比教育人的人的学习更重要和必要了，学校也是教师学习的地方。要成长，必须要学习。做新手的过程其实就是"上道"的过程，一个学习"教"和学习"做老师"的过程。不过，成为"教师"后的学习和做"学生"时的学习自有很大不同。如"成人教育之父"诺尔斯提出了以 4 点理论假说为支撑的成人学习理论：个人的经验形成个人学习的风格；学习的意愿和社会责任紧密相连；自我意识开始从他人依赖型变为自我指导型；从学习知识为将来所用变为边学习边实践运用（达肯沃尔德，刘宪之等译，1986：99）。新手教师的学习自然也有这些特征，但这种学习如何发生、学习的内容和结果如何，需要进一步揭示，以便为整个新手教师的研究领域做出贡献。

新手教师或新手教师的成长一直是我的兴趣点，我也一度把师徒之间的"启导"过程作为关注核心。但无论是师傅的启导也好、新手自身的成长也好，一个潜在的前提是：新手教师需要在"学校"中通过"参与"

学校实践和向学校的"其他成员"学习而成长，这种学习正如前面提到的，它有自己的特征，是一种情境化的、互动式的、参与式的学习。可以用斯法德（Sfard，1998）所提出的"参与"隐喻来形容：知识从根本上是处于实践之中的，学习的本质是在真实的情境中参与真实的实践，学习者被视为对参与某些活动感兴趣的人而非囤积"私人物品"的人。那新手教师在学校这个特殊场景中的学习如何发生？它有何特别的机制？即我要从哪里切入进行研究呢？

以莱夫和温格（Lave & Wenger，1991）为代表的人类学家将研究学习的焦点移至实践共同体中学习者社会参与的特征，从而将"实践共同体"作为学习背景和依托，学习则是对实践共同体"合法的边缘性参与"过程。温格分析了确定一个共同体的指标，比如有持续的（和谐的或者冲突的）相互关系，共同做事的共享方式，谈话和互动不需要介绍性导言，特定的工具、代表物和其他的人工制品，共享的故事、笑话等。从这个角度看，学校是一个非常典型的实践共同体，国内外学者也从这个角度或者其他的衍生词语如虚拟共同体、学习共同体、专业发展共同体，对学校和教师发展进行了一些研究。学习者在实践共同体中勾勒出自己参与和成长变化的轨迹，同时，又给实践共同体带来了程度不等的变化。那么，从这个角度入手的话，是不是可以给新手教师的诸研究带来一些新意？

所以，我把新手教师置于学校实践共同体背景下，师傅则作为他进入这个共同体的关键人物，从（边缘性）参与的角度呈现和解读新手教师的学习与成长过程。新手教师是如何通过参与学校实践共同体进行学习的？实践共同体内，新手教师与师傅、其他成员这三个层面之间到底发生着什么？新手教师的参与过程是怎样的，又会产生哪些固化之物从而巩固他的参与，继而增强他们的认同？每个人都是实践共同体的参与者，新人作为一粒石子，投入原本看似平静的一汪池水中，会激起什么样的涟漪？这样，有背景、有框架、有人物、更有动态的成长过程，会让我的研究立体和丰满起来。

二、文献评述和本研究的探索空间

以此，文献检索内容主要分为三个部分，首先是对"新手教师"的相关内容进行检索，同时缩小范围，审视从学习的"参与"隐喻角度研究新手教师的可能性和必要性，并针对温格等人类学家的"实践共同体"理论进行文献分析。

（一）有关新手教师的研究文献综述

国内外关于新手教师的研究非常多，涉及新手教师成长的各个方面。不过，相关研究性专著并不多见，而且多是经验传授或入门指导之类。诸多文献的研究重点集中在这么几个方面：新手教师阶段（研究）的重要性、新手教师的特征（更多的是问题或困难）及分析、应该如何解决问题（培训、外部支持、学校文化、备课等细节）、新手教师自己要注意什么（角色转换、心理调适、学习）等。

1. "新手"的特征——新手教师是什么样子的？

初入职是一个探索与发现的时期，正处于令人迷恋和兴奋的"蜜月期"（Kramer，1974）。新手教师"热衷于教学、精力充沛"（Burke，1987），参加了最新的教师培训，还没有形成"坏"的工作习惯，别人也不会要求他们具备那些更有经验的教师才能达到的知识和技能水平（Thompson，2002:21）。但甜蜜是短暂的，接踵而来的是慌乱、冲击和孤独、焦虑，对新手特征的研究，也大都是呈现和分析他们所遇到的困难和问题。由"教育专业的学生"成为"学生眼里的教师"，进入一个全新工作环境给新手教师带来的冲击非常大，身份的变化要求他们承担新的角色任务，这对任何人都是一个巨大的挑战，更何况新手教师一上岗就往往要马上投入学科教学、班主任管理等各项任务中，更容易产生不适应与被压垮的现象。这是诸多研究中提到新手教师时最先抛出的问题。角色承担与认同建构是一段艰难之旅。在具体探讨新手教师所遇问题和困难的研究中，维恩曼（Veeman，1984）作了比较系统的文献回顾工作。他审查了自 1960 年以后九个国家对新手教师的 83 项研究。经仔细谨慎排序后，得出新手教师最经常提到的八个问题（困难）：维持课堂纪律、激发学生学习兴趣、照顾学生的个别差异等。国内学者的研究也多是从这个角度入手分析新手教师的特征（王小棉，1997；赵昌木，2004a；任学印，2004 等）。

2. 影响因素分析——新手教师为什么会这样？

各研究在分析新手教师所遇到的问题与困难时，往往一并解释了其原因和影响因素。如维恩曼（Veeman，1984）对现实冲击（reality shock）之定义与原因的分析，姚红玉（2003）边以叙事方式呈现自己身为新手教师所遇困难故事的同时，边分析原因。而且，上面所列出的一些问题表现如角色转换其实同时也是困难产生的原因。瓦尔利的总结非常具有代表性，他认为新手教师倾向于模仿自己学生时代的教师，倾向于疏离其他教师，过分注意方法、技巧，结果反而无法发展出有弹性、更有创意、更适合目前情境脉络的教学方法，这些造成了他们所遇的难题（转自陈美玉，1990）。个人性格特质和生活经历自然也会影响到新手教师的适应情况。内向与外向、场依存与场独立、焦虑程度高低、个人良知甚至理想化状态等特质都会影响新手的人际交往以及对环境的感知。来自环境因素的讨论则大都着眼于学校文化的讨论。"教师生活在一个鱼缸中"（Fielstein & Phelps，2002:19），整个学校环境，包括领导、同事、学生、学生家长都会影响到他们。孤立、封闭的巴尔干文化、教师独自为政的"蛋壳式办公室结构"都不利于新手教师的顺利成长。

3. 如何解决新手教师所遇到的问题

如何避免糟糕的事情发生，由适应到很好地生存下来，是新手教师本人、其他教育者和研究者所关注的事情。从自由自在的学生生活，进入有各种约束、需要承担多种责任的专业生活（McDonald & Elias，1983；Ryan，1970，1980），新手教师除了急于寻求并澄清专业身份的同时，勤奋认真的学习习惯、乐观向上的生活方式、批判反思能力、积极的自我概念、辩证的教学归因倾向等非常重要，这些都是来自个体内部可控的问题解决办法。而有关外部支持方面的文献最多、也最多样化，结合新手教师的专业成长需求，涉及的话题有：师徒制、师傅和校长等关键人物、集体备课、学校共同体、学校文化、在职培训、评价与激励措施、师范教育等。在严酷现实的"冲击"下，"积极的、支持性的组织环境比不信任的或孤立的氛围更有助于新教师度过调整期"（Fessler & Christensen，69）。

另外，关于专家与新手教师的比较研究成果也非常显著。研究者们的假设是，教师的成长过程即由新手型教师向专家型教师的转变过程，只有明确这个转变过程的规律，才能为师资培训提供科学依据，尽可能缩短新手教师的成长周期，使之尽快成为专家教师。比较的话题也多种多样，涉及教学效能感、教学行为、教学监控、教学动机、教学应付行为等方面。徐碧美（2003）的研究在这方面独树一帜，她通过对四位第二语言教师进行的案例研究，分析了教学新手和专家教师之间在行为方式和拥有知识等方面的差异。

4. 对新手教师研究的简单评论

有关新手教师的研究文献为我们全面认识其成长问题提供了一定的深度和广度：关注新手教师可以从哪些方面入手、在哪些方面的研究已经相当充分。但总起来看，虽然相关文献很多，关注的重点都大致相仿，并且多是从行政角度和培训者角度入手讨论。很多研究只是从应然的角度做探讨，抛出些许建议，缺乏操作性和过程性的内容。

当然，也有很多经验总结性的文章，站在更高水平的学者或者更多经验的长者角度，以一个过来人的身份传递心得，可能会产生一些实效性的指导作用，但新手教师本人的视角稀缺。再比如，在专家教师与新手教师之间进行比较，指出差距后，希望新手教师可以朝某个方向努力，但仅仅指出缺少什么、哪里不足，对急于适应和树立形象的新手而言，要么是不知从何下手、要么是仅模仿外显动作不求甚解。所以，比较不是目的，关键是能呈现一种新手老手之间互动的典型场景：老手"大声说出"自己的思考过程，外显自己的实践性知识，新手在观察与模仿表面技巧的同时，也体悟与反思内在的精髓。这种"打包"式的场景呈现可能更有利于新手教师的学习与成长。处在这种场景的新手正是通过参与实践和与其他教师互动，慢慢"学"着"做老师"。

（二）情境学习理论和学习的参与隐喻

从国内外学习领域的研究来看，对"人是如何学习"的这个问题的探究从来没有停止过。20 世纪，从行为主义"学习是反应的强化"的隐喻到认知主义"学习是知识的获得"的隐喻，再到八九十年代学习的建构主义观、情境观和社会文化观为主导，都表明了人类探索之丰富与深入。其中，学习的情境观认为，实践不是独立于学习的，人类认知具有社会性互动本质，在实践参与和情境脉络中生成意义。不过，有关知识、学习的情境性研究是多视角的，比较突出的是心理学取向的情境认知理论与人类学视角下的情境学习理论。它们有着不同的关注点和侧重（见表 1）。

表 1　情境学习的心理学视角和人类学视角[1]

维　度	心理学视角	人类学视角
关注重点	认知	个体与共同体的关系
学习者	学校中的学生	实践共同体成员
分析单位	情境化活动	共同体中的个体
互动结果	意义	意义、身份和共同体
学习场所	学校	日常世界
学习目标	为未来任务做准备	满足即时的共同体 / 社会的需要
对教育的意义	实习场	实践共同体

在相关研究文献中，"情境学习理论"多是被运用来改变 / 革新学

1　戴维·H.乔纳森.学习环境的理论基础 [C].郑太年，任有群，译.上海：华东师范大学出版社，2002，28.

校学生的学习，虽然在情境认知理论指导下有创设"实习场"（巴拉布、拉菲，2002）的努力，但毕竟那是针对在读学生的实习；虽然有依"合法的边缘性参与学习"原则实施的"认知学徒制"（Collins、Brown & Newman，1989），但毕竟那是学生在教师人为创造的情境中去解决问题。如果从成人学习的角度来看，以莱夫和温格为代表的人类学情境理论更加适合研究新手教师的学习，它的焦点在于实践共同体中学习者社会参与的特征。学习成为实践共同体发展的一部分，包括实践的参与、身份建构和意义的协商，它是整个人的投入，又包含社会性因素。

斯法德（1998）在情境学习理论研究的基础上，总结了学习的两大基本隐喻：获得隐喻和参与隐喻（见表2）。与获得隐喻所强调的竞争驱动和独自存取不同，"参与"一词带有团结和合作的讯息。参与实践促成了学习和理解，意义的制定不再仅仅是发生在个体头脑内的私人事情。我们通过合法的边缘性参与加入一个实践共同体，吸收该共同体整体文化的一部分，同时，共同体的文化也会受到我们每一个成员的影响。与世界的互动不仅形成了关于社会世界的意义，而且形成了人的身份——这也是学习的主要成果。

表2　学习的两种基本隐喻[1]

获得隐喻	维　度	参与隐喻
个体的充实	学习目标	共同体的建构
获得某些东西	学习	成为参与者
接收者（容器）（再）建构者	学生	边缘性参与者，学徒
提供者、促进者、中介人	教师	胜任参与者，实践 / 话语的保存者
财产拥有权，商品	知识 / 概念	实践 / 话语 / 活动
有，拥有	识知	归属，参与，交流

但斯法德也指出，仅有一个隐喻是不够的，两者其实并没有截然的好坏之分。情境学习理论有其固有的长处和优势，但它也有自己解决不了的问题，如果一味把它推到极端也会带来坏的后果，尤其是针对在校

1　Sfard, A.　(1998)．On Two Metaphors for Learning and the Dangers of Choosing Just One. Educational Researcher, Vol. 27, No. 2, (Mar., 1998)，pp. 4-13.

学生的学习而言。但在我的研究里，能否这样宣称：也许针对新手教师的研究而言，获得隐喻更多的是形容他们"为学生"时的学习，而"为教师"后的学习则更需要在参与隐喻下开展？只有参与隐喻所携带的讯息，才能更好地描述成人进入职业以后的生活和工作世界，成人的生存方式和交往方式，正如前面所提的成人与儿童之学习的差异一样。他们所"学"的知识，"不仅存在于个体和社会协商的心智中，而且存在于个体间的话语、约束他们的社会关系、他们应用并制造的物理人工品以及他们用于制造这些人工品的理论模型和方法之中"（乔纳森，2002，序 p4）。而且，相比之下，以往研究中的教师学习／成长方式，无论是获得隐喻下的入职培训研究，还是师徒帮带途径，都是单路径、直接影响式的，比较机械和单调，参与则有更多能动与互动的意义，它是积极的、双方的，更能揭示个体能动性与社会结构（吉登斯，1998）之间的辩证关系。

（三）实践共同体理论及本研究的探索空间

1. 实践共同体理论的简单介绍

温格在其权威性著作《实践共同体：学习、意义和身份》中表明，一个实践共同体包括了一系列个体共享的、相互明确的实践和信念以及对长时间追求共同利益的理解，它是共享的学习历史，关键是每个成员在其中的主动参与和不断形成的身份认同。共同体成员是通过实践而不是外部的规定性要素聚集一起的，他们的实践具有三个特点（Wenger：p72-85）：相互的投入、共同的事业和共享的技艺库。实践的发展促成了共同体，并要求共同体成员的参与和相互投入，而该情境中不同成员、不同做事方式之间的意义协商，就成了实践共同体和个体双方互动发展的必需。意义的协商包括两个过程：参与（participation）和固化（reification）。这两个方面相辅相成，近似于知识的缄默维度和显性维度的区分：参与更多的是在默会层面上感知和把握共同体的经验，固化则让成员的经验有迹可寻、共享学习。它们与实践共同体三要素相互交织，构成了复杂的网络。

共同体实践的发展过程其实也就是其成员身份形成的过程。身份形成的过程不是通过教授或传递的过程来完成的，而是通过学习，我们确认"我们是谁"。身份形成一定是在共同体的实践中，在认同与协商的双重过程、在参与合作与竞争、同意与斡旋、社会团结和个人权益之间的平衡中实现的，是参与的鲜活经历（Wenger，1998：151），也是一系列事件、经验和资格的固化堆积。对新手教师而言，由最初边缘性的身份，通过自己的不断参与和"向心性运动"，成为向熟手过渡的实践共同体的一员，而他具有的不断变化的知识、技能和话语就构成了其形成中身份的一部分。温格提到了直接参与、想象和结盟三种认同方式，拓展了个体与所在共同体及更广社会层面之间的关系，为研究新手教师的学习和成长提供了更丰富的舞台。

2. 实践共同体理论在新手教师研究中的运用

"实践共同体的魅力在于它对实践的呼吁，它的互动建构性本质……它可以阐明社会行动的某些特征"（Davies，2005）。学习者在实践共同体中作为主动的行动者，通过边缘性参与实践逐渐获致共同体的文化和意义，同时也在影响和改变着共同体。这正是符合终身学习理念的，也与成人教育理论相契合，运用它们来分析新手教师的成长有其独特意义。

从目前文献来看，研究者们引用最多的是此理论有关新手身份和认同的变化、实践共同体对个体的支持等方面的论述。如 Flores（2007）透过新手教师赋予其日常经历的意义看他们的身份认同和实践意象是如何被挑战和改变的，展示了他们自进入实践共同体之日就开始的发展轨迹。Curry 等人（2008）讨论新手教师通过在共同体内实践微观政治文化，创造了作为成员的新的自我，生成新的意义。Little（2002）基于微观人种志和话语分析理论，把学习置于教师实践共同体内，讨论了专业共同体如何为新教师实践中的学习和创新提供智力、社会和物质上的资源。另外，关于职前教师的研究中也有运用莱夫与温格理论的例子。最突出的就是 Eich 和 Dias（2005）用边缘性参与来描述学生教师（实习生）在教室里的学习。他们与自己的辅导教师组成了实践共同体，这个过程与新手教师对学校 / 学科组 / 年级组等相关活动的参与显然是类似的。但国内有关的研究很少见到。陆静尘（2006）从情境学习理论中关于实践共同体、学习与知识的有关论述出发，运用人种志研究方法，从理论和实践两方面进行比较、分析，提出学校中教师实践共同体的运行模式，以支持教师的专业发展。不过新手教师并不是他论述的重点。此外，学者们使用衍生概念"学习共同体"等进行的研究也相当多，突出强调了学校共同体对新手教师的"集体性"支持和教学资源共享等特征。

3. 本研究的探索空间

参与到与教和学相连的社会实践和社会文化环境之中，是学习"教"的核心（Freeman & Johnson，1998）。新手教师的成长过程必定是与其所在的学校情境分不开的，必定是在"做中学"（杜威）的。他们在情境中学习、在与教师群体（实践共同体）的交往互动中成长。那这种通过参与进行的学习是如何发生的？如何学习？又学习到了什么？虽然温格指出，实践即是学习，学习无所不在，可是他没有具体指出这种学习如何发生、进行、结果为何。而只有清楚呈现这种学习过程、最后会学到什么，呈现新老教师之间互动的场景，外化共同体内约定俗成的惯例和"小窍门"，才能真正为学校、新手教师本人以及致力于帮助新人成长的相关人士提供切实的帮助。不过，温格把实践看成与参与和固化相辅相成的一个过程，虽然只是从一般意义上讨论了参与和固化的定义、它们之间的关系和动力机制，但给了我很大启发。新手教师在实践中的参与可以具体化为试探、选择、观察、模仿、询问、交流等过程，这些过程其实就是他作为一个成人从环境中学习的体现，比如，他观察到师傅处理课堂的某个妙招，然后结合自己的判断和思考尝试去做；再结合做的效果进一步调试和改进。所以，从新手教师在学校的参与和固化过程切入，具体呈现他们如何在实践中学习和从实践中学习的，应该是解决上面所提问题的一个角度。

另外，学者们对实践共同体理论的运用忽视了共同体的同质性、参与的复杂性等相关批判（Linehan & Mccarthy, 2000; Davenport & Hall, 2002），仍值得研究者和实践者注意。如何在个体和结构之间保持一种张力，给个体能动性的充分发挥提供空间？在学校既定的"结构"之下，新手教师如何发挥自己的能动性进行参与活动？共同体在其中的支持和约束机制怎样？师傅和其他成员又在其参与过程中发挥什么影响？新手教师的参与活动如何转化为固化成果为共同体识别和认可，这些固化之物继而又如何促进了他们的参与活动？参与和固化协商之后新意义如何实现代际相传？对这些问题的回答，会给实践共同体理论带来更丰富和更动态的阐释。

三、本阶段的初步研究发现

目前我跟踪研究了三位新手教师，通过访谈、观课、一起参加集体会议等方式收集了丰富的资料。我选取了其中的 A 和 B 两位教师，他们都算是比较成功的例子。按照目前的研究思路进行整理可以展示如下（见表3；括号内是研究者的注释，其他为两位教师的原话）。

表3　对研究资料的初步归总（节选）

对　　象		田野（中学）	于萍萍（小学）
参与的实践共同体		教研组；师徒结对；读书会；新教师小群体；名师工作站……	教研组；语文团队；家委会……
对实践共同体的归属／评价		我是那种狗奴才的典范；学校就是我的娘家；组里老师就像一个村的乡亲，亲如一家又相敬如宾。	我是这个学校的人；我要维护学校的荣誉不能给它丢脸；每个人都很重要。
实践中学习	参与	我就是听着看着，向大家**学习**；希望能像师傅那样；我是个好的体力劳动者；用还算凑合的电脑水平，帮大家解决一些日常见到的问题；四个年轻人聚在一起你说完他说……	开会时每个人的发言都很重要；（办公室的讨论，她经常是发起问题者）；（在学校晚会上扮演圣诞老人）；（管每个老师都叫姐姐）；我就是一张白纸，**什么都要看，什么都要学**。

续表

对　象		田野（中学）	于萍萍（小学）
实践中学习	固化	自己课件的共享；基本功大赛两个一等奖；网络课程设计；读书报告；（两位老师）"可视化"的故事。	（《语文实践乐园》）；共享的复习提纲；成长日记；（被改的）面目全非的教案；（成绩名列前茅）。
实践中的自我认同		翠叶白桦大白菜；小晚辈；**初学者、入门者**；刚工作那会儿我就是从别人的眼里看自己；这个不是一天两天能练出来的……我可以做到清晰准确，我对学生的吸引纯属插科打诨，跟这个有差别；贫。	白纸；小豆小苗；**目前处于探索、磨合期**：与相互矛盾的自己、与迷茫又疑惑的自己、与不断跌倒又爬起的自己、与疲惫而又快乐的自己进行磨合，不断探索。
师傅/从师傅那里学习		师傅就是给我一个整体的定位，你应该成长到哪个阶段，你自己应该做到哪些方面，给你一个展示的平台；他可以看到更本质的东西，更上位的概念。	只要是新课，高老师都能做到让我去听，每节课！她对我毫无保留，不管是课上还是课下。第一次看我教案的时候，上面都是密密麻麻的，可以说基本上是面目全非。
彼此带来的变化	个体（的学习）	我就是**入门者、初学者**，就是关注这些事情；关注得多了我自然就知道了；发自**内心的爱和关心**一定能够解决千变万化的具体问题；借着（刘老师说她女儿时的神情、口吻）这个形象，我就有了想象的空间，就算是提前拥有了**一颗柔软的心**。	（组长说年轻人爱问，有上进心。但是对学校的规章制度，教学方面都有问题，所以需要我们经常提醒）；大家都特别的友善，**有很多很多人帮你**；我在团队里感觉很幸福；变化很大；（他们身上）总有一点，是我**学得着**的、我能**用得着**的。
	实践共同体	（某老师说有新人和没有新人组里的话题肯定不一样；年轻人有活力，电脑好，能干活）；我开始听本身也是发挥作用的第一个阶段。	（组长说年轻人思想新颖，是我们接触新社会的渠道；大家都在互助）；我会尽我所能去回报她们。

（一）从参与和固化中学习

新手教师对实践的积极参与包含能动性在里面，这种能动的参与又必须以某种方式固化下来。一方面是给自己的成长留下足迹，另一方面，也是让作为新人的自己在实践共同体中得到他人认可，确立自己的地位。两位新手教师都积极参与到各种实践共同体中，并抓住机会使自己的努力固化——一等奖或名列前茅的教学成绩；而共同体的固化物如做事的约定和常规、其他老师讲述的故事、学校的规章制度等，也会在新手教师的参与过程中发生作用，被其赋予了新的意义。但固化并不是终止，而是进一步参与的契机，比如于萍萍在大家对自己成绩的认可基础上，利用一个寒假总结了复习提纲，开学后立刻与教研组所有老师共享，她在参与和固化中生成了新的意义，也感受到自己生存的价值。更重要的是，无论是参与和固化的过程，还是与别人交往的过程，甚至是个体对共同体归属感的形成和变化，他们都从中学习了如何去"教"，如何理解学校发生的事情以及教师职业，如何正确看待自己和定位、发展自己。

（二）个体和实践共同体之间的辩证关系

学校实践共同体为新手教师提供了行动的背景和条件，每一个共同体中的实践三要素（表中没有具体分别列出，如田野的"大家资源共享、信息共享、智慧共享、方法共享"；于萍萍学校自编的《语文实践乐园》习题册）作为一种约束性和条件性存在，但同时，它们也使得新手的能动性得以展开，并通过他们自己的能动参与固化自己的成绩，为共享的技艺库添入自己的贡献，如于萍萍的复习提纲。更突出的是，于萍萍的反思日记得到校长的认可并被倡导作为全校教师共同努力的"事业"，获得了它新的意义。学校需要新教师，因为他们是学校接触新社会的渠道，他们给学校增添活力和输入新鲜血液；新教师也需要学校，需要归属学校的实践共同体，以便在集体中更快成长，从集体的智慧中学习更多的东西，站稳脚跟。

（三）需要继续深入思考的问题

学习是一个非常普通也被普遍使用的词，但我们对某人说"你要好好学习"的时候，好像根本就不用说明"你要学习什么"。我的研究正是要把这种想当然和笼统说法背后的机制揭示出来。两个老师都提到了"向大家学习""什么都要学习"，从字的拼音笔顺，到安排教学进度，到以"一颗柔软的心"看待学生。他们从一天天的学习中"发生了很大变化"。对于学习发生的背景而言，学校这个大的实践共同体其实很大程度上是作为一个理想性的"后台"存在，新手教师真正参与的是其中各种实质性的"次级"实践共同体（但我把它们总称为学校实践共同体）。它们有的是基于制度性基础上的，如教研组；有的则是人为"配制"的，如师徒结对；有的则是新手教师们自发形成的小群体；还有某些教师形成的"民间"组织，如读书会。新手教师在这些共同体中的参与和之间的穿梭，到底会学到什么、以什么具体方式学，如果能揭示出来，会非常有意思和有意义。

四、研究问题的进一步澄清和重要概念界定

基于所探讨文献和预研究分析，我把研究问题最后确定为：**新手教师是如何在学校实践共同体中通过参与和固化的过程而学习的？**

它包括下面几个子问题：

1. 新手教师在学校实践共同体中是如何学习的？

他们会参与到哪些实践共同体中？为什么会选择这些共同体？其参与的过程是怎样的？又有哪些固化过程发生？固化了什么？他们是如何从共同体中其他成员（尤其是师傅）身上学习的？

2. 新手教师通过参与和固化的过程学习到了什么？

在实践中学习"教"中，关于自己的学科教学，他们学到了什么？关于教学的内涵和教育的意义，他们学到了什么？他们对自己会有什么新的认识？新手教师个人的反思在学习的过程中怎么表现出来？

3. 新手教师的这种学习过程会给实践共同体带来什么变化？他是如何感知这些变化的？继而又如何影响了他自身的学习？

对几个关键概念的界定如下：

1. 新手教师

《现代汉语规范词典》对新手的定义是：刚刚开始某项工作的人（2004：1451）。本研究则把新手教师定义为经过系统的师范教育与学习，刚刚从事（中小学）教学工作（1~3年）的教师。"新手"这个称谓意在强调其在任教经验方面的"空白"，区别于某些研究中把中途转行、转学科和年级的有经验的教师也称为"新"教师的说法。在研究参与者选择中，暂不做性别偏好和学科区分。值得指出的是，不能把它看作常规意义上与"专家教师""资深教师"相对应的"新手"概念，因为我的研究意图不在于比较二者的差距，即"新手教师"相对"专家教师"而言缺少什么、有哪些不足，而是他们是如何"上道"的，在学校实践共同体这个新背景中是如何通过实践参与学习的。

2. 学习

新手教师的"学习"很大程度上不同于他在大学里为学生时的"学习"，而是"参与"隐喻下的成人个体的生存方式。他们不能再像单纯的接受者一样等待他人输送知识和能力，而是需要展开和发展自己作为积极参与者的身份，投入到学校共同体事业中，接近、了解并熟谙共同体的文化、语言和精神，理解和真正把握教师这个职业。他的学习便是学习"教书育人"的过程，学习与他人交往的过程，观察和模仿的过程，适应工作世界的过程。我假定这种学习会有三种结果：关于如何教的知识、对教学内涵和教育意义的新认识、对自己的新认识。之前身为"学教育的学生"时，如何教、教育是什么、教师职业的具体内涵、教育对象怎么样、我能否胜任等等，这些问题都是虚拟的，甚至理想化的。通过参与真正的实践，他们才会在亲历基础上习得新知识和新认识，重新认识作为教师的自我。

3.（学校）实践共同体

新手教师工作的学校是一个大的实践共同体，教师们服务于学校教育理念和目标，教书育人，相互投入与合作，共享着彼此间固化的教学知识、约定俗成的称呼、心领神会的妙招等。而在这个共同体内，还会有几个或数个规模小些的共同体存在。几种共同体可能会组成温格（Wenger, 1998:113）指出的平行、交错和边缘开放的三种形式并相互作用。比如，各学科和年级教研组，校长、领导办公室，研究团队，家委会，读书会等等。新手教师执教的学科使他在隶属学校大的实践共同体的同时，会更直接地参与到某教研组团队之中。同时，他可能还会有自己的"朋友圈子""师徒圈子"等。

4. 参与

情境学习理论下的参与是一种包含做事、讨论、思考、感觉和归属的复杂过程，温格用"参与"这个概念描述生活在世界中作为社会共同体成员的体验以及在社会中积极的承诺和投入（Wenger, 1998:55）。新手教师"被抛入"一个完全陌生的环境，必须主动、完全地投入以适应和生存下去。他们会通过一种"合法的边缘性参与"的过程进入某个实践共同体，如教研组，获得其中的特定身份，参与过程就是实践的过程，即如何做事、如何说话、如何反思、如何与他人交往等过程。这可以通过观察新手与共同体中其他教师的日常交往、在学校（教研室）例会中的"表现"、在学科组集体备课中的行动、他们对自己行为和他人行为的反思等描述和分析出来。

5. 固化

参与的过程也可以通过具体之物——如教学小窍门、共享教案、考试排名、默会规则——体现出来。固化指使抽象概念具体化，或将抽象的观念视为具体事物。如"真理是一口深井"和"爱情是五光十色的东西"等都表现了一种固化。固化包括一系列行为：制作、设计、命名、解码、描述、感知、解释、使用等等（Wenger，1998:59）。新手教师参与各种实践共同体，他们把自己对事物的理解投射到实践之中，但同时，他们又必须识别和理解共同体中的固化之物，协商产生新的意义，从而促进自己进一步的参与。实践共同体用各种形式固化自己的实践，如惯例、俗语、工作规则、教案等，新手教师在参与中领会它们的同时，也会固化自己的参与，或者在与其他成员（如师傅）互动中产生新的规则，就能够巩固自己的参与或者使彼此以后的互动有了抓手。

6. 反思

学校作为实践共同体，教师作为反思实践者，是本研究的一对核心假设。这里的反思是从舍恩（Schon，1983）的角度来讨论的。我们不仅能思索我们所做之事，还能在做的同时思考我们的作为。这种反转自身的思考既可以在行为中也可以是行为后，既可能维持几秒，也可能会持续几周甚至数月。新手教师固然会有淹没在班级管理和教学等复杂事务之中的"危险"，不能像其他老教师那样有丰富的"技艺库"和实践性知识，但他们也能够对自己参与和做事的过程以及固化下来的做事方式和"成绩"进行反思，对他人的行为和自我的变化进行反思，而且这样的反思越多，对他们的学习越有利。实践中的学习、行动中的反思，将会加速新手"上道"的过程。

7. 变化

新手教师所处的环境及人际变得更多元甚至复杂起来，因此要承担更多的责任和义务，他的身份和相应的自我认同也会随着教师角色的承担、教育实践的参与逐渐"变"与"化"。学习会带来变化，这种变化的过程具体如何？变而化成的新体是什么样子？可能是新手教师对共同体的事业、语言、常规等由陌生到熟悉，由拘束到自如，由无措到洒脱，他对自己身份的感知与认同、他与其他成员的关系、他对自己事业的把握与熟稔程度的发展等等。这些都需要从其行为和言语等外部可感方面与内心隐没部分入手跟踪研究和呈现。同时，实践共同体的常规、谈论方式、成员关系等又会因为新人的到来发生什么变化，它是怎么实现自身再生产的，也是研究的关注点。

8. 师傅

目前很多中小学校都实施师徒制、师徒结对、青蓝工程等，学校期待经验丰富、教学成绩良好的"师傅"教师把初入职的年轻人赶快"带上道"，使其适应工作和学校环境，尤其是教学日常工作；同时也希望学校里优秀的教师文化能够传承下去。即使学校没有正式指派师傅，也潜在地希望"老"教师（多是学科组长、主任或年龄较大经验比较丰富的同事）尽可能地帮助同班、同教研组的新手，新手教师往往也会主动地向他们寻求帮助，把他们作为认同的对象和教学行为的基本参照。我的研究包括了正式和非正式的师傅，并把他作为新手教师参与学校实践共同体过程中的关键人物。

五、研究框架的呈现分析

在呈现研究框架图之前，首先深入讨论一下参与和固化的动态关系。

（一）参与和固化

在温格看来（Wenger：55-71），参与和固化不是两个独立的范畴，而是交互的过程，它们成对出现，要了解其中的任何一个，都要理解另外一个。参与是一个动态的过程，而固化固然是有静态物质的一面，但它只有成为新的参与的一部分才有意义。比如词语作为人类意义的投射，它是一种固化。但在面对面的交流中，词语本身影响了人与人间意义的协商，因而又是一种参与。意义本身由于参与和固化的影响，形成一个整体。参与和固化又彼此补足，因为它们各自都有局限。一方面，参与有可能因为方位和距离的原因，或者是它自身的模糊性，限制了意义，需要固化进行补充，如与不能参会的同事分享笔记；另一方面，固化具有形式僵化、窄化意义等片面性，参与则可以进行修补，如我们会专门坐下来讨论所读的书，以进行比较和丰富彼此的理解。所以，参与和固化并不互相矛盾，没有固化的参与是不可想象的，也不存在没有参与的固化。

如果把参与和固化与共同体的实践三要素结合起来，我们可以这样分析：（新手教师）参与到实践共同体的共同事业之中，与其他成员相互投入，在熟悉和领会共同体的共享技艺库的同时，也生发和创造新的知识和经验，从而推动共同体事业的发展。这样，新手教师的参与"对象"和参与过程就可视化了，固化的过程和形式也能够比较具体的展示；同时，个人在这种参与和固化的辩证统一之中，最佳的状态会是学习到新的教学技艺、进一步理解教师事业、内化职业认同。在这个基础上，便可以呈现和分析研究框架了。

（二）研究框架图 [1]

图示的中心是新手教师的学习，作为背景的大方框，用以勾勒新手教师学习发生的具体背景——实践共同体。它会有不同的形式，但每一种形式都包含了实践三要素，新手教师的学习程度，其实就可以从他们与共同体三要素的"关系状况"衡量出来：领会和把握共同的事业，与其他成员相互投入和交往互动，接触并熟悉共享的技艺库，甚至为其增添新的技艺。这个实践过程其实就是参与和固化对立统一生成新意义的

1　最终成文时的研究框架图已经和开题报告中的这幅图有了很多不同。最终图附于本书173页，读者可对照来看。

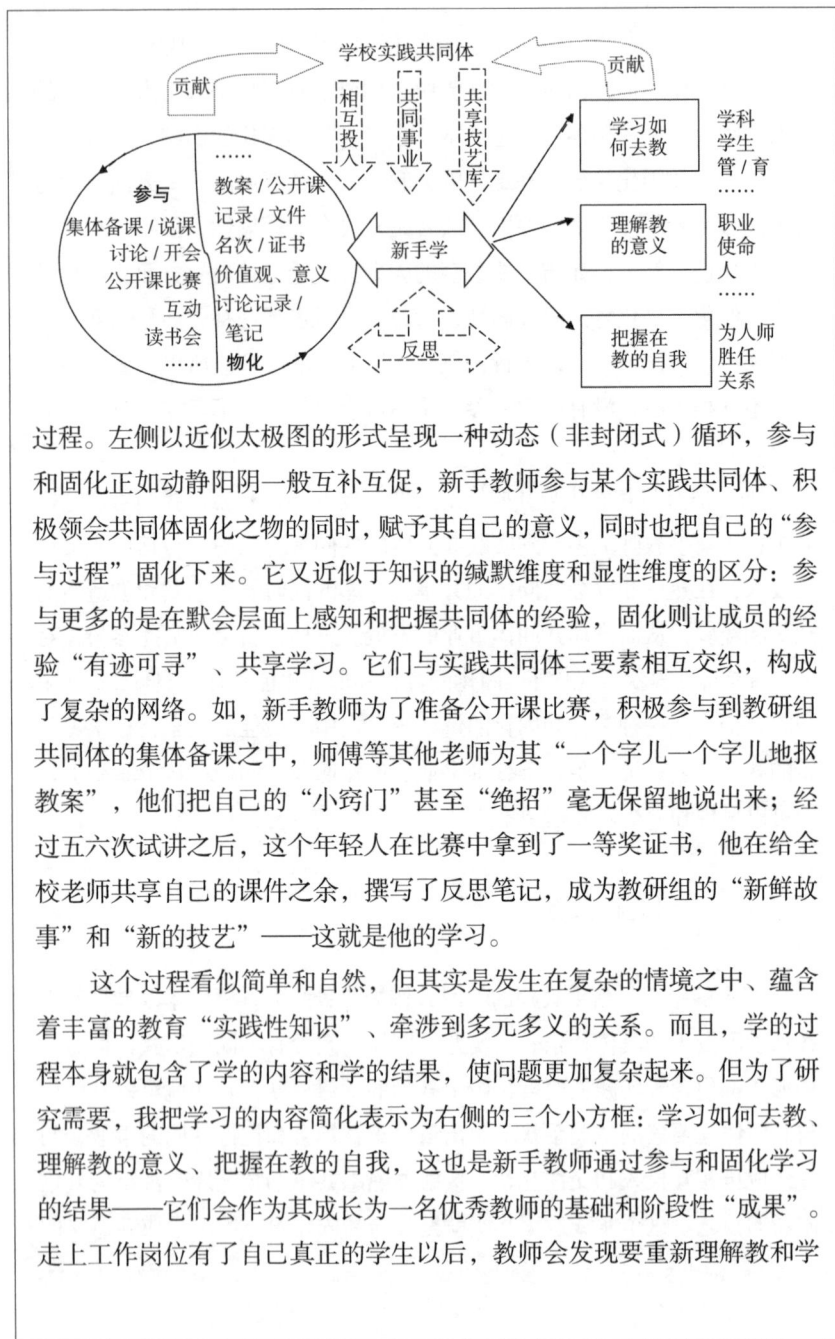

过程。左侧以近似太极图的形式呈现一种动态（非封闭式）循环，参与和固化正如动静阳阴一般互补互促，新手教师参与某个实践共同体、积极领会共同体固化之物的同时，赋予其自己的意义，同时也把自己的"参与过程"固化下来。它又近似于知识的缄默维度和显性维度的区分：参与更多的是在默会层面上感知和把握共同体的经验，固化则让成员的经验"有迹可寻"、共享学习。它们与实践共同体三要素相互交织，构成了复杂的网络。如，新手教师为了准备公开课比赛，积极参与到教研组共同体的集体备课之中，师傅等其他老师为其"一个字儿一个字儿地抠教案"，他们把自己的"小窍门"甚至"绝招"毫无保留地说出来；经过五六次试讲之后，这个年轻人在比赛中拿到了一等奖证书，他在给全校老师共享自己的课件之余，撰写了反思笔记，成为教研组的"新鲜故事"和"新的技艺"——这就是他的学习。

这个过程看似简单和自然，但其实是发生在复杂的情境之中、蕴含着丰富的教育"实践性知识"、牵涉到多元多义的关系。而且，学的过程本身就包含了学的内容和学的结果，使问题更加复杂起来。但为了研究需要，我把学习的内容简化表示为右侧的三个小方框：学习如何去教、理解教的意义、把握在教的自我，这也是新手教师通过参与和固化学习的结果——它们会作为其成长为一名优秀教师的基础和阶段性"成果"。走上工作岗位有了自己真正的学生以后，教师会发现要重新理解教和学习教，或许他的学科知识、儿童心理学等知识并不欠缺，但是如何教这些学科知识、如何"管"和"育"班里的孩子，是他亟需学习的；通过学教的过程，他也逐渐对教师这份特殊的职业有了更深更切实的认识，他之前头脑中"教育的对象是人"这个理想化的表达会具体和可触摸起来，从而产生全新的理解；然后他对自己能否胜任教师工作、自己是否真正成为了共同体一员等，可能会有更准确的把握。而这三方面的结果，包括他的参与和固化的学习过程，为实践共同体贡献了新的力量，代际之间的相遇和互动实现了共同体的再生产循环——新手的成长本身便是他发挥作用的体现。

最下方的反思是一个自始至终贯穿的环节，它起到一种监控和"映照自我"的作用。新手教师面临一个个的问题情境，自己摸索解决或者观察模仿他人去做，都需要根据做的后果来调节更正，即反映式回观（Schon，1983）的过程，不断丰富自己的技艺库。教师作为 21 世纪的知识工作者，需要不断思考"我是谁？我的优势是什么？我如何工作？我属于哪里？我能做什么贡献（德鲁克，朱雁斌译，2006：145）"等问题，这些反思会给新手教师的学习和成长带来无比的助益——也是我的研究致力于揭示的过程。

六、研究方法和研究设计

（一）研究方法

上面的研究框架图表明了我使用的研究方法。因为它需要"打包式"呈现新手教师实践参与的过程、参与和固化之间的辩证关系、他们学习的过程与状态结果，以及他们自我认同的变化。显然，用客观、冷冰冰的数字说话，用一连串数字、统计图表堆积一个"平面人"是没有说服力的。而质的研究方法可以呈现这种整体性、情境化的、连续和互动的

"经验"。

质的研究秉承自然主义的探究传统,认为个人的思想和行为以及社会组织的运作是与他们所处的社会文化情境分不开的。如果要了解和理解个人和社会组织,必须把他们置于丰富、复杂和流动的自然情境中进行考察。研究者必须以本人为研究工具,深入实地进行长期的观察,与研究参与者交谈,了解他们的日常生活、他们所处的社会文化环境以及这些环境对其思想和行为的影响(陈向明,2000)。研究新手教师在学校情境中的参与过程只有走进学校、走近教师,长期跟踪他们才能做到。而且,质的研究允许选择较小数量的样本,在中国拥有世界上规模最大的中小学新手教师情况下,它使我可以集中精力选择几个典型的教师进行个案研究,从而能更深入剖析他们"复杂的生活细节、复杂的内心世界以及他们所生存于其中的纷繁变化的文化氛围"(陈向明,2004:43)。同时,质的研究"采取人类学的深描,工笔画般的繁复翔实的叙事方式,力图在具体的、偶然的、多变的现场中去透析种种关系,去解释'滑翔在事实表面'的实证研究所看到的'想象的事实''数字臆造的事实''你所期望的事实'之后的'社会隐蔽'"(刘云杉,2000)。所以,这可以使我的研究成果以更加生动鲜明的方式呈现。其发现也必然会迥异于现有忽略新手教师成长过程之"黑箱"的诸多研究。我会运用访谈、观察、实物收集、研究日志撰写、反思等方法来尽量呈现多样、多元和鲜活的"经验"。

(二)研究过程的设计

1. 研究学校和研究对象的选择

本研究的范围为基础教育,最初我准备寻找几所实施师徒制的中小学校,然后是有师傅的、工作 1~3 年的师范大学毕业生,但不对他们所教学科和性别进行限定。幸运的是,因为跟陈向明老师做"教师实践性知识"课题的缘故,我得以进入北京市的两所小学和一所中学,分别接触到了三位新手教师，虽然真实目的是试图"寻找"他们的实践性知识，但凭对新手教师一贯的兴趣，我有意识地关注他们成长和学习的情况，通过非正式访谈、观察等方式边做课题边反观对照我潜在的研究兴趣。2008 年下半年正式锁定了两所学校，2009 年 3 月又在某小学找到一位合作者，它们都给我要研究的新手教师提供了非常丰富的"实践共同体"背景，如小学 A 教师身处的语文教研团队和家委会、中学 B 教师所在的教研组和读书会等。或许我会继续增加研究对象。

2. 研究关系的处理

虽然我目前跟踪的研究对象只有 3 人，但如果加上他们各自的师傅、加上他们所在共同体中的其他成员，会编织成多张错综复杂的关系网，如何处理好这些复杂多样的关系对我来说是个极大的挑战。像 Hatch（2002）所说，研究参与者才是最后的"守门员"，他们决定了研究者能否获得所需的资料。这需要我谨慎拿捏与老师们的关系，在根本上保证研究顺利进行。不仅要获得新手教师本人的信任，还要能接近他们所在几个圈子中的其他人；我会用通俗的语言告知新手教师我的研究目的，但同时又尽量不让他们觉得"因为我与其他教师相比没经验和有差别，所以你才来研究我"；我也争取用自己比研究对象年龄大和参加过研究生考试的"优势"给他们提供力所能及的帮助。当然，礼物等物质形式的回报也必不可少，关系的维持需要精神和物质的双重投入，但决定性的应该是我的真诚、体谅和为他们着想。

3. 资料收集和分析

根据研究需要，呈现新手教师的学习成长过程，地点、人物、事件的交错，实践共同体内部诸要素的关系，他们过去的经验、现在的参与、未来的可能性，他们如何在几个实践共同体中穿梭和协商意义，他们身份的获得与"日渐像个老师的样子"等等，这些信息都需要我长期跟踪和深入现场才能获得，包括新手教师及其师傅的课堂（对比）观察，与学校有关教师的非正式访谈，对新手教师的深入访谈，对学校有关活动的非参与式观察和参与式观察，学校文件文本及研究参与者本人的文字资料采集，录音、照片和通信资料的保留，我的田野笔记和研究日志撰写等等。而且不同的学校有不同的实践共同体存在，会有各具特色的共同事业、共享技艺库，我在大致把握学校总体情况之后，再与老师展开正式访谈，之前的工作多是非正式和半结构式访谈，散点式收集与新手教师有关的所有信息。随着研究的进行，我会逐渐充实和修整各类访谈提纲。

多渠道的资料收集工作必定带来繁琐艰苦的资料分析任务。我给目前的三位研究对象都建立了档案，每次进入现场后都记录详细的田野笔记，对访谈录音进行转录工作，并撰写了接触摘要单，进行初步的归类分析。目前我正在对手头收集的资料做编码，先进行开放式的个案内资料分析，并提炼了几个主题，期间不断回到我的研究问题反观对照（但值得一提的是，我的研究问题和框架，大的改动已经超过三次，不过毕竟关注焦点不变，都是围绕新手教师、共同体、学习，所以，我手头每一份资料、每一篇研究日志都是经得起考验和推敲的），在资料、理论和自我之间开展持续的互动。最后，我可能需要在几个个案之间进行对比分析，提炼概括最终的主题。虽然我运用了温格和莱夫的理论框架，但在资料收集和分析的过程中我尽量保持开放态度，尤其是结合进行类型分析和归纳分析，描述新手教师在学校中的实践方式和学习过程，并给予我自己的解释。随着研究的进行，码号和主题会不断充实或者改变，继而尝试提炼我"自己"的理论。

4. 研究伦理

因为我的研究需要参与者长时间的合作和支持，更重要的是，我要求他们"揭露"在日常生活场景背后所发生的事情，而且我也会千方百计从其他老师那里"打听"研究对象的诸多细节——这对新手教师本人来说是个"危险"的事情。我要最大限度地从他们那里"拿"东西，但他们能从我这里获得什么？他们为何要信任我并"配合"我？研究对他们到底有什么帮助？我怎样才能不让他们感到"被剥夺感"和"暴露感"？

诸多问题都是我要考虑和妥善处理的。尤其是保密问题非常棘手——从其他老师那里听到的关于新手教师本人的评价，从新手教师那里得到的对学校领导或其他人的意见看法等等，都需要我小心翼翼地维护和变通转而使之成为我进一步研究的资源。（但这是一种隐瞒和欺骗吗？）在复杂的共同体权力关系网里，我能否保护好研究参与者无疑是个极大的挑战。但无论如何，我都会先征求研究参与者的同意并真诚表达我的尊重和理解，与他们定期沟通，最后的研究结果我也会在他们许可的情况下有选择的呈现。期间，我会不断撰写备忘录，记录研究交往过程中双方间的微妙关系和情绪情感反应，保持一种敏感和包容的心境。

5. 研究效度问题

质的研究"效度产生于关系之中——这是质的研究衡量研究质量的一个重要标准"（陈向明，2000：408）[1]，这种关系意指研究结论与研究的其他部分（比如研究者、研究问题、研究方法）之间的一种一致性。也许研究者效应构成了对我研究效度最大的威胁：新手教师本人是否会因为我的在场做出某些刻意的动作和说一些"封面故事"；在与其他教师访谈时侧面问到有关新手教师本人的问题时，他们能否给出真实想法；相关实践共同体内的活动是否会因为我的加入变得不一样起来；我又能否全面把握其中的实践三要素并恰当地理解和分析。这些都是潜在的威胁。三角验证和多渠道多类型资料的收集是必需和必要的解决方案。其实我和我要研究的新手教师一样，也要努力尝试进入学校的各种共同体中，观察他们做事的方式与惯习，分辨和分析他们共同的话语方式、学校中的常规与权力关系。但是我的"合法性"远远低于他们，而且我不需要如新手教师一样追求一种向心性的参与。或许，在研究的最后呈现一章"研究者的边缘性参与过程"，是个不错的选择。

1　有关这个话题，综考论文之一《我如何判断我的判断是有效的？——谈质的研究效度问题》有详细阐述。

七、研究进程安排

研究时间大致安排如下：

2008 年 5 月—2009 年，确定研究对象、访谈、观察、整理和分析资料。

2009 年—2010 年 1 月，深入进行研究，并开始成文。

2010 年 1 月—5 月，修改，定稿。

参考文献（略）

附录：初步的访谈提纲（部分）

1.针对新手教师的访谈提纲

聊一聊你刚毕业工作时的心情、工作状态？那个时候最经常考虑的是哪些事情？你觉得从那时到现在自己有哪些方面的变化？

多久适应了这所学校？学校中的哪些人和哪些事对你影响特别大？

你会问其他老师对你的评价吗？你觉得他们会怎么看你？会主动要求他们的帮助吗？会向谁求助？你觉得他们对你有哪些影响？上课、处理问题、为人处事……

你了解学校／教研室／年级组／家委会……都看重哪些事情吗？都开展什么活动？你如果参加，都做什么？其他老师呢？

你是怎么进入这些（实践共同体）的？你在里面感觉怎样？有没有你不理解或者不明白的东西呢？你师傅是怎么带你的？他会给你说或者指导你哪些方面呢？

在参与学校活动／教研会议／与老师讨论等中，你会做哪些具体的活动，有什么贡献？

你觉得你在学校这些活动／与老师讨论／师傅指导中都学到了什么？对教师职业／教学／学校／学生有了什么新的认识吗？

你觉得你给这个（实践共同体）带来哪些变化？你会给其他老师什么帮助？

2. 针对师傅的访谈提纲：

作为一位有经验的教师，对年轻人有什么期待？

几年来您带了多少徒弟了？您都要做些什么？

他是你自己挑选的徒弟吗？如果是，在挑选徒弟时有什么标准？之后对他有何要求？如何衡量徒弟是否达到了自己的要求？

具体带徒弟的过程中，印象最深的事情是什么？

你如何评价自己的徒弟？对自己呢？

会带徒弟参加一些什么样的活动？您会如何帮助他？

在带徒弟过程中，你们会一起产生成什么新的东西？他对你们组 / 对你个人会有什么影响？

3. 针对教研组长 / 年级组长 / 同头老师 / 教学校长等的访谈提纲（略）

附：

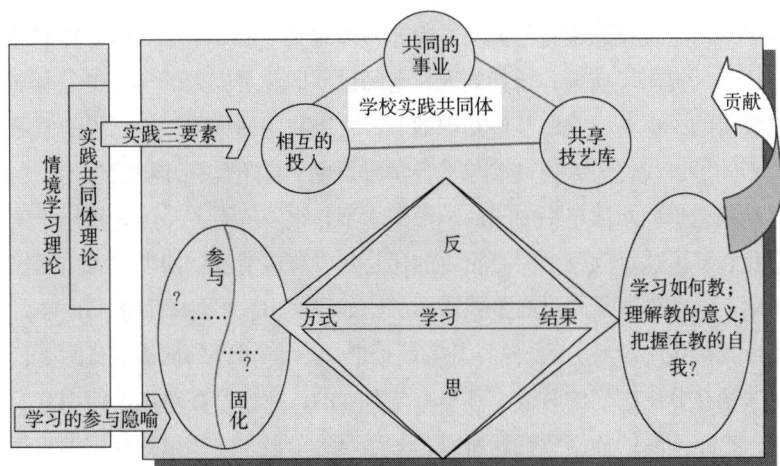

图 3　博士论文里最终的研究框架图

六、开题结束后的备忘录

本篇备忘录是开题后所写，现在读起来也很佩服自己的坚持，开完题也没有松懈，而是继续沉浸其中，并用心整理老师们的建议，围绕核心概念、研究框架和研究问题做了进一步思考。不容易阿！

开题结束了，但是一点没有轻松感，没有想象中的轻松和兴奋。其实开题并不等于可以安心回家了。我的框架还要改，还要继续下校，是不是要扩大我的研究对象？是去三小看看，还是到济南，借天时地利做呢？需回去调查一下。

先把开题时老师们的质疑和大家的讨论整理如下，作为我下一步思考的方向。

一是关于学习这个概念。我以为不用去再三表明我的立场，我已经给了学习这个概念很宽的涵义，而非一般意义上的"学"。但老师们都对这个词提出了质疑，比如刘云杉老师说"即使是成人的学习也是有知识获得的，也是要获取某些知识的"，所以我用的学习和她所说的学习就不同了：我说成人通过参与进行学习，也一样还是有知识获得的。但固然跟老师们对温格书中说的学习概念不是很了解有关（陈老师后来就帮我解释了这个问题），更重要的还是我没有讲清楚：如果读者质疑你的话，你首先要从自己身上找原因。比如我摆出获得隐喻和参与隐喻，然后我说我用参与隐喻。这样其实就是把"获得知识"的前提性排除了！斯法德在分出它们的时候，基本上是对立的，我也是在对立面使用它们的，这是问题的症结所在！所以，对学习这个概念，如果我要用参与隐喻，用情境学习这个大的概念，我要仔细澄清：学习指什么。

　　另外，还有关于学习和成长、变化之间的辨析。老师们说是不是用"变化"比较好，因为可能有失败的例子？我还是用学习这个词，不过要把它作为一个中性的概念进行描述。但是有个很大的问题是：我要怎么说明或者有没有必要说明什么是成功或者失败。我要如何衡量一个新手是否成功呢？看他是否有那三种结果吗？显然不行。没有哪个老师会是完全失败的。只要他在教，他身处学校，他就在学习，尤其是新手教师，他在头几年肯定是什么都要学、都想学的，也在教的知识、教的意义、对自我的认识方面有变化——（写到这里，惊心：岂不是用变化比学习好？）只不过在参与的过程中，他受挫了，或者只是参与了、没有固化东西或者固化了没有被人承认，那这样，还能叫学习吗？还是回到学习这个概念，要如何界定它？学习如果就是成人的生活、生存方式，就像吃饭睡觉一样普通的事情，那它就必然没有正面和负面之分。可能他参与和固化的过程不是很顺利，在这个过程中他也学习了，对于那三个方面也有了新的认识。学习就是了解新的不一样的东西。

　　第二个是新手这个概念。主要就是老师质疑"没有看到你对新手教师'挣扎'、与自我较劲的关注"。也许我的研究初步分析部分资料呈现得不够到位，其实他们的挣扎很明显。只不过从整体来说，更正向而已。但这也给我提醒：学习的过程是曲折和复杂的，我要揭示这种复杂性。通过什么揭示？就是老师们提得最多的一对概念：参与和固化。（还有一个大的问题，像陈老师问的"是不是只挑成功的，不成功的是不是就不选了？"这个很棘手。因为我接触他们的时候，我无法截然判断他们是成功还是失败的，到最后他会学到什么程度，他的固化会到什么程度，我都无法提前判断，只能是一起看。所以，选择的时候我无法给他们定位。我就是先呈现出来，可能最后我能有个分类或者界定：他们的学习是什么样的状态，会呈现什么发展态势，学习的结果是什么。）

　　第三，老师们对参与和固化的建议。这方面对我的启发最大。郭文革老师提出，"参与本身相当于活动，活动中涉及物化、反思。概念图上，参与和物化都是外显的，两者之间一定要有一个内化的信息加工、自我对话的过程，就是反思。学习的结果就是物化出来的一种呈现，一种表现和行为；物化本身不是一个学习过程，而是一种反思后的结果。应该是要把参与和物化分到两边，其他因素都是在中间的影响因素"。我确实陷在这个框架中了，就想着温格那里，参与和物化是整体互补的东西，根本没有想过把它们分开！所以，开放性是我后面的工作，像陈老师说的，"把图画得更加开放、有弹性一些。中间发生了什么学习，你要显示；三要素不一定要表示出来，它只是作为背景，或者干脆就不要；不能被它框死了，戴有色眼镜。"我必须尝试跳出来，用一种中间的状态、阴影构造的形式重新画我的框架。把过程性的东西放在阴影部分，把参与过程和固化了什么放在中间，动的方面是她的学习，静的方面是她学习的结果。但是物化不一定只是学习的结果，可能也是学习的过程。如何处理两者之间的关系是很重要的工作。所以，我的不轻松就在这里——很棘手，不知如何下手构思它……

另外，老师质疑了我的框架太先入为主了，说新手"通过参与到共同体中学习，这样会掩盖掉教师成长本身的复杂性和多样性。在复杂的社会中，一个人的成长是由多方影响的，参与到共同体是他成长的一个方面，但并不妨碍他的成长有别的方面的影响，比如参与到其他群体或环境中，而且可能比实践共同体更重要。要避免结论方面简单化的处理"。这个我记的不是很清楚，阎凤桥老师的意思是他还有其他的圈子（后来几位老师也提到亚文化、学校之外的群体等），而不只是在学校里面？实践共同体前面是不是一定要在前面加上定语"学校"呢？我有过这个困惑，新手在工作之外会加入其他的一些支持圈子，比如车友会（我瞎编的）？但我现在清楚掌握的一个资料是田野所在的"名师工作站"，它就不只是附中这所学校的。所以，我需要把共同体限定在学校吗？

对于这段话还有另一个理解：参与到共同体中，只是他学习／成长的一个方面，他还通过其他方面学习。是这样吗？我认为只要他工作、生活，他就不是一个人，就有社会性因素在里面，那他必然参与到某些活动之中。有参与，就有接触新的东西、新的意义生成，就有学习发生。我坚信这个。我以为这是个确定的东西，但或许只是我的想当然，还需要进一步解释和澄清——要能移位到读者的立场！

然后陈老师对我的研究问题提出了建议："第一个是讲如何学习，第二个是学了什么，而第三个问题则是共同体因他有什么变化，可以改一下。第一种改正的方式是：可以继续说，实践共同体有什么变化，但这种变化要再回到新教师身上，对他的学习有什么影响，他是怎么觉知这些变化的。第二种改正的方式是：放到第一个之中，怎么学之中，因为你的重点不在实践共同体有什么变化，而是关注这种变化对新手有什么影响，所以作为它的子问题。"

我想采纳第一个建议，并保留第三个问题，因为我非常想突出新教师对学校贡献的视角，以有别于文献中单方面的学校/师傅对新手的支持。我就表述为：新手教师的这种学习过程会给实践共同体带来什么变化？他是如何感知这些变化的？继而又如何影响了他自身的学习？

写到这里，突然想起来昨天和缪老师的简单几句聊天，让我决定，不能这样写随笔了。不能把思路这么七零八乱地写和整理，而是应拉出一个大纲来，至少要细到三级标题，什么时候来了灵感或者有想法，就对号入座，而不是这样按日期排列，看上去东西很多，但不系统、零散，看起来不好看，整理起来更费劲。所以，宁愿多花时间拉个结构出来，往里头填东西，而不能这样流水帐一样今天写点明天写点，然后就忘了、放置一边了！五一要把大纲列出来，至少是把几个主题弄出来：比如参与的、固化的、学习的结果（脑子里还没有好的构思，今天做不到了……框架图还没画呢！），给自己加油吧！

七、围绕"知识分子"的思考与摘录

这是由一本书引发的思考。当时博士读书课上读到一本书，产生了一个疑问：（小学）老师是知识分子吗？我们小组进行了讨论，讨论完了之后我继续思考这个问题，而且很自然地把它跟我的一个研究对象扯上关系（时时刻刻装着论文、装着我的那些资料），延伸思考并记录下来，反反复复，最后发表了一篇以课题为依托围绕知识分子的文章，并完成了研究对象故事中的一个叙事主题，即博士论文第五章第二节的第三部分"对自我的把握：研究生身份的定位和'知识分子'的困惑"。同时滚雪球滚出来几本特别有价值的书——无论是对陈老师的实践性知识课题，还是对我的论文。多读书、多思考，永远是对的，而且如果你沉浸在自己的任务中去读去想，还可能给自己的"慧眼"再加上一架高倍望远镜。

2009 年 5 月 20 日的读书课上，我导读了《理论思维与工程思维》[1]，在小组讨论中，王硕总结她们小组的发言，提到：对（基础教育）教师来说，需要理论联系实际吗？他们所从事的就是工程的筹划，他们用"理论"吗？或者他们用的是什么理论？或许根本就不需要，教育理论是不存在的，只是所谓的教育理论家们为了自己的思维构思出来的？对于教师而言，他做认知和筹划的活动，其中筹划是主导的，如备课上课，或许也有认知，比如思考教育的目的意义，但不是其重点，是"闲暇"的

1　徐长福 . 理论思维与工程思维 [M]. 上海：上海人民出版社 .2002.

反思，他的反思总体上是为筹划而进行的。而研究者的认知型思维不是为了解决实际问题，教师也不能被要求提炼出什么理论，这样就是作者所言的划界了？不过我们的课题，虽然偏向理论思维，但也是为了解决实际问题。需要成功做两种思维的转化工作才行。

对于我研究对象凌波的地位和状况来说，是不是有些尴尬或者矛盾？研究生毕业就到了小学，她的理论思维很发达，也可以说是形成了思维惯性，她习惯了条分缕析和"深刻"反省一二三，但在具体筹划上难于从理想下到现实。我需要追问她对"别的老师用了管用，而我就不管用？"这种无奈背后的深层原因到底是什么？是因为没有落到实处做筹划吗？

而她对知识分子的理解也可以问问，作为论文撰写的一部分。（小学）教师是知识分子吗？假想一下，研究生时期的她、作为小学老师的她，对这个问题有无不同的感想呢？（后补——我后来见她时问了这个问题，她的回答是："小学老师当然算不上知识分子了！"为了方便，先写在这里，后面再思考。围绕着知识分子这个话题多读写东西。[1]）

看许纪霖的《中国知识分子十论》[2]，在自序里有特别有趣的一些论述（p16-18）：

英国大思想家以赛亚·柏林在分析俄国思想家的时候提出了一个著名的观点。他引用了古希腊一位诗人的话："狐狸有多知，刺猬有一知"，以赛亚·柏林引用古希腊这个寓言，是说历史上有两种思想家，一种思想家称为刺猬型，这是创造体系的思想家，刺猬只对自己所关心的问题有兴趣，他把所有的问题都纳入到他所思考的一个中心架构里面，最后他创造出一个很严密的理论体系，像柏拉图、亚里士多德、黑格尔、康德、罗尔斯、哈贝马斯，这些都是刺猬型的思想家。另外一种是狐狸型的思想家，狐狸对什么问题都感兴趣，东张西望，没有一个中心点，没有兴趣要构造一个严密的体系，他的思维是发散型的，他的思想在很多领域

1　陈向明，王红艳. 从实践性知识角度看教师的知识分子属性 [J]. 全球教育展望 .2010, 39（01）：51-56+62.

2　许纪霖，中国知识分子十论 [M]. 上海：复旦大学出版社 .2003.

都有光彩，虽然彼此之间可能有点矛盾，帕斯卡尔、尼采、包括以赛亚·柏林本人，都是狐狸型的思想家。思想家中的这两种气质，没有高下之分，但彼此存在着紧张。以赛亚·柏林在分析托尔斯泰时，说托尔斯泰本人按其本性是只狐狸，但他老是想做刺猬，想创造一个体系，一生追求的是刺猬，但最后毕竟还是一只狐狸。

这两三年可能是我读了太多刺猬型的书，像罗尔斯、哈贝马斯他们的著作都是以思维严密、逻辑严谨而见长，我就特别羡慕和敬佩这些刺猬们。这个时代是一个理性的时代，你要说服别人接受你的观点，你就必须有一套理数，而且将它表述清楚。虽然我的兴趣是狐狸型的，但是我的思维是以理性见长，通常喜欢把道理说得比较清楚，即使思考当中有矛盾，也希望清清楚楚地将自我的困境表达出来，而不是像有些人那样用文学的语言、修辞的方式将这些逻辑上应该说清楚的问题跳过，朦胧地处理掉。在这几位思想家的影响下，我近年来开始有意识地摆脱狐狸式的研究方式，这并不是说我要创造一个体系。我不是一个有原创性的学者，我追求的只是一套严密的逻辑论证，一种规范的表述。过去，我通常用一种经验的或个人的方式来叙述，虽然火花四起，但彼此之间多有矛盾，或者说意识不到内在的矛盾。如今，我对思维中逻辑上的自恰性有了相当的理论自觉。不过，我发现，这样一来也出现了另外一个问题，文章写出来不如过去那样好看了，可能也只有专业的读者才会有兴趣，一般的读者看起来会觉得比较头晕。另一方面，因为事先反复咀嚼，在写作的过程中自我感觉缺少以前那样的激情，飞扬的激情没有了，只剩下冷冰冰的理性。是否激情与理性本来就是内在冲突的？我不知道。但我的确感到其中有这样的紧张。

作者还说：

这两年我过多地迷恋于刺猬，现在已经不满足甚至也不会写这些狐狸型的文字了。首先我觉得这些东西连我自己都通不过，不过瘾，如今当我思考问题的时候，总是把问题往深层去挖，不想个通透，决不落笔。我对我的一个很会写文章的学生再三说：千万不要落笔太快，学问是一股精气，要做大学问，平时要善于养气，假如稍有灵感，就释放，自然养不成浩然大气。我一直记得王元化先生对我说过的一句话：文章不要在充满激情的时候去写，而是要放到心情平静下来以后再动笔。我理解他的意思是，冲动过后理智才会浮现，才有足够的能力自我反思，拥有长久的理性力量。

我看了很受刺激：千万不要落笔太快，不要在充满激情的时候去写！而我就是一个急性子，老想赶快完成个什么东西，匆匆忙忙、鲁鲁莽莽。记得陈老师说过我，要能沉得住气，坐下来！没有给自己充分和足够的时间反思，去沉淀自己，而是凭一时兴起做事情、写东西，似乎看上去有点成果，但真正值得推敲吗？冷静下来是不是更好呢？要善于养气，而不是稍有灵感，就释放。要自我反思、沉淀、拥有长久的理性力量。

在另一本提到知识分子的书[1]中，有下面这些话：

（p90）人的思想并不是在某种社会真空中产生和发挥作用，而是在一个明确的具体社会环境中产生和发挥作用的。（p176）用阿尔弗雷德·韦伯的术语来说，这种漂泊不定的，相对而言不具有阶级色彩的阶层，就是"从社会角度来看无所归属的知识界"。（p184-185）这样一种学校的目的并不是避免得出各种政治决策。但是，一位经过小心翼翼地深思熟虑，从经过——导致对具有总体性的情境之理解的——仔细思考而得出的某种观点出发，为他那些心灵尚未成熟的学生讲课的教师，与一位仅仅关注反复向学生灌输已经牢固地确立下来的党派观点的教师，是有深刻区别的。

前者才是能称得上知识分子的教师吧。

与该话题有关的，又翻完了《政治中的理性主义》[2]，是20世纪英国最重要的政治哲学家迈克尔·欧克肖特最重要的著作之一。前面一部分很有意义，对我思考这个话题有启发。摘抄一部分如下：

p2　理性主义主张心灵不依赖一切偶然原因，思想除了"理性"的权威外不服从任何权威。

1　卡尔·曼海姆 . 意识形态和乌托邦 [M]. 艾彦，译 . 北京：华夏出版社 .2001.

2　迈克尔·欧克肖特 . 政治中的理性主义 [M]. 张汝伦，译 . 上海：上海译文出版社，2003.

p6 任何问题的"理性"解决，在其本质上都是完美的解决。在理性主义者的计划中没有"在这些环境下更好"的位置，只有"最好"的位置，因为理性的功能恰恰是克服环境。

p7 在其深处，流动着一眼隐蔽的源泉，虽然它不是这湖泊生长的最初本源，却也许是它得以持久的出色根源。这源泉就是关于人类知识的学说。理性主义核心有某个这样的根源甚至不会使那些仅知其表面的人吃惊；不受妨碍的理智的优越性恰恰在于它可能比的东西获得更多、更确定的关于人和社会的知识；意识形态对于传统的优越性在于它更精确和它据说的可论证性。

一切科学，一切艺术，一切实践活动，都需要某种技艺，实际上无论什么人类活动，都包含知识。一般说来，这知识有两种，任何实际活动总是都包含着两种知识（虽然它们实际上并不分开）。第一种我要称之为技术知识或技术的知识。在一切艺术和科学中，在一切实践活动中，都包含有技术。

p8 在许多活动中，这种技术知识被制定为规则，它们被，或可以被精心学习、记住，并且，就像我们说的，被付诸实践；但不管它是否，或已经被精确制定，它的主要特征是它可被精确制定，虽然制定它需要特殊技巧和洞见。在英国马路上开汽车的技术（或部分技术）可以在《公路规则》中找到，烹调的技术包含在烹调书里，在自然科学或历史中做出发现的技术存在于它们的研究规则、观察和证实规则中。我要称第二种知识为实践的知识，因为它只存在于运用中，不是反思的，也（不像技能）不能被制定为规则。然而，这不是说它是一种深奥的知识。只是说，使它被共享和成为共同知识的方法不是被制定的教条的方法。

一切活动也都包含这种知识；掌握任何技能，从事任何具体活动，没有它是不可能的。

因此，这两种可区分但不可分的知识，是一切具体人类活动所包含的知识的孪生组成部分。在像烹调这样一门实践技艺中，无人会假定属于一个好厨师的指示就局限于烹调书上写下或可能写下的东西；技术和我称之为实践知识的东西结合在一起，构成烹饪技能，无论它存在于何处。

p9　在这些艺术（书中是指：医学、工业、管理、外交、军事、指挥。）中，说技术将告诉一个人做什么是不正确的，是实践告诉他怎么做——要靠"临床方法"对他所必须处理的个人作出判断。即使在那个什么中，尤其在诊断中，就已经有了这种技术和实践的双重性：没有不"知道怎么"的指示。另外，技术与实践知识间的区别也不与手段和目的知识间的区别相应，虽然间或可能似乎如此。简言之，没有什么地方，技术知识能与实践知识分开，也没有地方能认为它们彼此同一，能互相代替。（书中举例：轮扁斫轮。）

p10　这种能精确制定的特征给了技术知识确定性的外表：似乎一种技术是能确定的。另一方面，实践知识的一个特征就是不能这样来制定。它的正常表达是以一种习俗或传统的做事方式，或者，是以实践的方式。这给了它不精确、因而不确定的表象，好像是观点的问题，是可能性，而不是真理。实际上，它是一种以趣味和鉴赏力来表达的知识，缺乏严密性，是为学习者心灵的印象准备的。

技术知识可以从书本上学；可以在函授课程中学。此外，它大部分可以记住，可以死记硬背，可以机械应用；三段论的逻辑就是这种技术。技术知识在教与学这两个字最简单的意义上可以教与学。另一方面，实践知识既不能教，也不能学，而只能传授和习得。它只存在于实践中，唯一获得它的方式就是给一个师傅当徒弟——不是因为师傅能教它（他不能），而是因为只有通过与一个不断实践它的人持续接触，才能习得它。在各门艺术和自然科学中，正常发生的是，学生在被师傅教和从师傅那里学技术时发现他自己也习得了另一种不是纯粹技术知识的知识，它从未被人明确地传授，也常常不能精确地说它是什么。因而，一位钢琴家习得艺术才能，也学到技术，一位棋士习得风格和对棋局的洞见，也学到下子的知识，一位科学家（除了别的之外）习得当他的技术领他走进歧途时，能告诉他的那种判断，以及使他能区别有利和无利的探索方向的辨别才能。

问题的核心是理性主义者专注于确定性。

它（技术知识）似乎是一种自我完备的知识，因为它似乎延伸在一个可以认出的初始点（在那里它打破完全的无知）和一个可以认出的终点（在那里它是完全的）之间，就像在学一种新的游戏规则时那样。它有知识的外表，这种知识可以包含在一本书的封面与封底之间。

p12 技术知识的优越性在于它从纯粹无知中产生、以确定和完全的知识终结的外表，它与确定性相始终的外表。但实际上，这是一个错觉。就像一切其他种类的知识一样，学一种技术不在于摆脱纯粹无知，而在于重新形成已在那里的知识。没什么东西，甚至几乎最自足的技术（一种游戏规则），事实上也不能传授给一个空空如也的头脑；能传授的东西靠已经在那里的东西养育。由于这个原因，一个知道一种游戏规则的人，会很快学会另一种游戏的规则；一个完全不熟悉任何一种"规则"的人（如果这样的人是可想象的话），将是一个最没希望的学生。

p44 烹饪书不是一个独立的、烹饪可以由此产生的起点；它只是某人如何烹饪的知识的一个抽象：它是这活动的继子，而不是这活动的父亲。这书也可以帮助他做一顿饭，但如果它是他唯一的指导，他实际上永远无法开始：书只对那些已经知道从书中可以指望得到的那种东西，因而知道如何解释它的人说话。一本烹饪书预设了某个已经知道如何烹饪的人，它的用法预设了某个已经知道如何利用它的人。

p53 要学的不是抽象的观念，或一套技艺，甚至也不是一种礼制，而是一种在生活的全部错综复杂中具体地、一以贯之地生活的样式。

p126 （保守）是一种气质。保守就是容易以某些样式来思考和行事；是宁要某些行为和人类处境的某些状况而不要其他的；是愿意作某些选择。

p131 这种保守的气质深深地扎根在叫做"人性"的东西中。变动是令人厌倦的，革新要求努力，人（据说）更易于懒散而不是奋发。如果他们找到一种比较满意的处世方式的话，他们不太会去找麻烦。他们自然担心未知事物，宁要安全，不要危险。他们是勉强的革新者，他们接受变动，不是因为他们喜欢它，而是因为它是无法躲避的。

欧克肖特的这本书，很多精彩的论述对我们的实践性知识课题太有用了，估计这份总结陈老师看了肯定很高兴。

八、新手教师的"知与行"

这个部分是跟研究对象相处过程中，由个人感觉生发并通过研读访谈资料敏感抓住的一个主题，围绕这个主题，再去阅读文献，继续滚雪球，同时回忆和梳理以前读过的相关文献，继而写出的一篇备忘录。一次次深入思考和写作后，也是有两个结果出来，一是构成了博士论文"研究发现"部分（第七章第二节）"填补'空的中间层'"的主体内容；二是发表了一篇围绕新手教师知行问题的文章。[1]

2009 年 6 月 21 日，这几天都沉浸在田野资料里，在重读凌波的资料时更深切地感受到了师姐那天说的问题：她的学习，究竟是在什么层面？仅仅"知"，还是已经"行"了？

我发现，凌波不管什么时候针对什么事情，都能说得头头是道，分析得非常在理甚至到位，似乎知道该怎么做、做什么。但从现实来看，她又没有践行这些"知"！比如在 3 月那次听课中，她就谈到了拿到课文自己能读懂，但不知道怎么讲给学生。她意识到了自己的问题，并在师傅给自己说完课后条理清楚地总结了几个原则给自己，说"师傅这么一说我就知道该怎么做了"。但到了 6 月再谈时，发现她还是在说自己有这个问题，不知道该如何在课堂上"讲给学生"！所以，这里的学本身是在浅的层面上，停留在她"知"的层面，而且是自己理想化的知，她本来知道很多理念——该如何做的理念，但是知到行中间是有断层

---

[1] 王红艳. 新手教师身处的三向问题空间 [J]. 中国教育学刊. 2012（02）：64-67.

的，就像她说自己的"中间是空的"，就像她初到学校第一年（第一个学期）在向其他老师学习方面是断层的一样。她受过系统的教育，头脑中储存了大量系统的教育知识和理论，说起来能头头是道、条理清楚，和其他老师一起评课／发表意见时，能提出自己不同的观点——因为她的视角是"大而宏观"的视角，当然也不乏批判和质疑，但正如师傅说的，你怎么把这些东西落到实处，不那么理想化？理论和实践的桥梁她还没有架起来，或者说是走了弯路？这一点也是对师范教育的启示，从哪里入手分析和改正？（或许，*Preparing Teachers For Realistic Mathematics Education* 有用？待看。）

同时联想到杜威的《确定性的寻求》[1] 有关知与行的讨论：对知的推崇，是来自对确定性的追求，对不确定、充满危险和未知的实践的恐惧。

P3　实践活动有一个内在而不能排除的显著特征，那就是与它俱在的不确定性。因而我们不得不说行动，但须冒着危险行动。

p4　人们之所以喜爱认知甚于喜爱动作，"安全第一"起了巨大作用。

想想舍恩的低洼湿地吧。高高居于干爽高地多么安全和干净，一旦走下来，会有那么多的危险和不确定性。光在头脑里想多么惬意，不用承担任何风险，不用冒任何"被看到"和承担"外显后果"的危险。而要行、要做的话，势必会引起后果、引起反应，如害怕和不自信，还有懒惰做了绊脚石。或许，不是不想做，而是没有方法，不知从哪里做起。

p85　就"行动"一词字面上和存在上的意义而论，观念就是所实行的行动，就是去做一些事情，而不是去接受从外面强加在我们身上的感觉。

p128　行动处于观念的核心。

行动把一个有问题的情境变成一个问题，一个探究的对象。然后，

p175　思维乃是在促使有问题的情境过渡到安全清晰情境时所采取的一系列的反应行为中的一种方式。

知识是内在不定的或怀疑的情境得到完全的解决。

1　约翰·杜威. 确定性的寻求 [M]. 傅统先，译. 上海：上海人民出版社，2005.

　　其实，中国传统哲学本来是很重视知行观的，不过遗憾的是它在论究知与行的关系时，却大体不谈信念问题，这不能不说是一个缺憾。而信念作为"知"与"行"之间的桥梁，是一个不可或缺的要素。从知到行之间的转换，实际上是通过"信念"这一中介进行的。知而不信，没有一种希望、欲求的倾向，是谈不上去行动的，在这种状态下它缺乏行动的动力。看来我要讨论凌波的知与行，是要放进她的信念的。

　　而我也应该从学习的角度重新检索新手教师的文献。

　　师姐感觉我表述的学习的三个结果之间的逻辑可能有问题：如何去教和理解教的意义在一个层面上，而把握自我在另一个层面上。我的理解是，如何教是合格，然后在此基础上深入体会理解，在这个过程中又需重新认识自我。

　　但我不能截然用这个框架去"框"那么丰富的学习过程，而且学习是有层次的、有类型的。有意义的学习是什么？有的学习了，是学以致用的，在行的层面，有的只是观念上的知，只是语言认同甚至思想也认同，但没有落到行上。这是一个纵向立体的层次，前面那个是平面的、横向的。

　　我应该努力勾勒出每一个人的学习轨迹，看每个人学习的特点是什么，展现学习的丰富过程，而不是填入框架。

　　Korthagen 的教师变革洋葱圈理论[1]，也跟知行有关，是我要进一步理清的东西，就一并附在这里：

　　Korthagen 在分析了基于行为（perfomance-based）或能力（competencies-based）的教师教育和基于人本主义的教师教育（Humanistic Based Teacher Education ，HBTE）基础上，提出了如下图所示的教师变革洋葱圈模型。这个模型假设教师可以在多个层次受到影响并产生变革，这些层次包括：环境（enviroment）、行为（behavior）、能力（competencies）、信念（beliefs）、身份（identity）和使命（mission）。对行为最有密切影响的层次是能力，它是知识、技能与态度的整合体。它代表了行为的潜能，

1　Korthagen, F.A.J., & Lagerwerf, A..Reframing the relationship between teacher thinking and teacher beha-viour:Levels in learning about teaching.*Teachers & Teaching:Theory and Practice*.1996, 2 (2) , 161-190.

它依赖环境才能附之于实践，外显为行为。教师的能力又由其信仰所决定。例如，如果教师认为没有必要关注学生的感受，那么他就不会发展自己向学生表达感同身受（empathic understanding）的能力。教师关于自己的信念构成了身份这个层次。Korthagen 认为现在的文献中还没有对于教师职业身份的清晰的定义，他将身份概念锚定在自我概念（self-concept）之中，并使用 Beijaard 的"某个人是谁或是什么，人们为他们自己赋予的各种意义，或是由其他人赋予的意义"作为其定义。模型最里面的层次是使命。这个层次关注教师认为与自己的存在不可分割的、感受至深的个人价值。

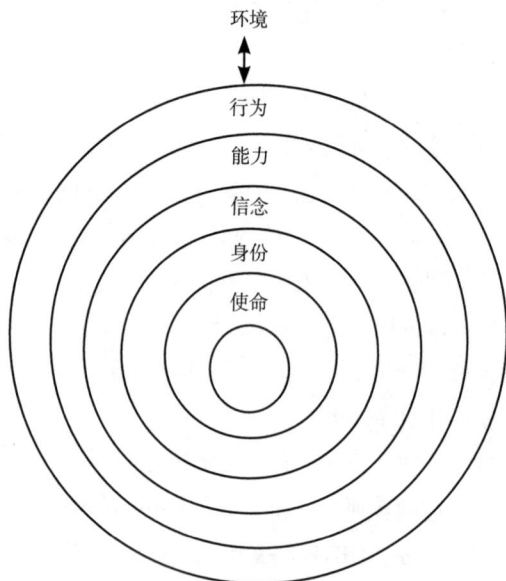

图 4　教师变革洋葱圈模型图

Korthagen 认为只有最外面的环境和行为层次是可以被直接观察到的，但变革可以发生在任何的方向上。信念的改变在某些时候可能先于教师能力和行为的改变，而在另一些情况下，环境、行为或能力（也可能是它们的混合）的改变也可能先于信仰的改变。在更深的层次上，教师的使命和身份感能够影响信仰和能力，反过来也是一样的。当前，关于教师是信念改变先于实践中的改变，还是实践中的改变先于信念的改变存在着持续的争论，Korthagen 模型中这种双向的变革特性对于这场争论展现了一种独特的观点。

还没读完舍恩的《培养反映的实践者》，想先写下来。原来它对我是这样有用，提到了学习、学到了什么、导师和学生之间的对话场景、学习中的行动中反映等。原来在看舍恩的《反映的实践者》时，只是感觉有些话很好，对话场景的确可以借鉴它的呈现方式，但这本《培养反映的实践者》更加细致和深入地分析了师傅如何大声说出自己的思维过程（虽然有很多是神秘的，直接说出结果而没有展现过程规则），徒弟如何领会、理解、模仿的。舍恩从（苏格拉底）学习的悖论开始描述"你如何学习你尚未理解的东西？"而只有你开始做你尚未理解的东西你才能理解它，这就是学习的过程。这对我的论文是很有启发的，应继续研读。

知与行，行动中识知，是我读这本书受到的启发，赶紧搜了一堆相关的文章。的确，新手教师的学习是停留在知的层面还是践履至行，是我分析的一个重要角度。这样就能给我的框架带来动态和辩证的色彩。

在一篇谈到培训要做到"知与行的统一"的文章里[1]，提到一个故事。农场的一群火鸡突发奇想，嚷嚷着想学飞，农场主拗不过它们，只好从深山里请来一只矫健的老鹰做它们的飞行教练。训练从早晨开始，老鹰用心地教，火鸡们用心地学。傍晚时分，这群火鸡终于都飞了起来，它们在空中玩得特别高兴。天色渐渐暗了下来，回家的口哨吹响了——今天就到这里，大家都回啦！于是，所有的火鸡都跟着农场主深一脚、浅一脚地走着回家了，老鹰也拿着一大笔酬金飞回了山谷。这个寓言故事如果从知行合一的角度去剖析，则是耐人寻味的，并对培训如何做到知与行的统一有深刻的智慧启迪。

剖析火鸡：既然它们已经学会飞了，为什么不能将"飞"的知识、技能马上应用于飞回家的实践呢？剖析老鹰：当它看见火鸡深一脚、浅一脚走回家时，为什么不叮嘱乃至监督它们飞呢？不难看出，无论是作

1　姚先桥 . 培训要做到知与行的统一 [J]. 人才资源开发 .2006（6）：1.

为培训师的老鹰，还是作为被培训者的火鸡，都没有达到知行合一的境界。

原来，我只把情境学习理论与莱夫、温格、柯林斯等人画等号，殊不知舍恩被我遗忘了，他的"行动中识知"说的不就是泰戈尔学弹钢琴的故事吗？如舍恩指出，许多专门行业的知识、技能、行规或术语，无法完全用文字或语言一一加以详述。欲习得该专业技能，以及"大师"的风范气质，唯有进入专业情境成为一名学徒，亲至亲察和参与，才能有所收获。故他提出了"在行动中求知"（knowing in action）及"在行动中反省"（reflection in action）的学习概念，是情境学习理论的重要内涵之一。他的两本书我要再看。

舍恩在《培养反映的实践者》54 页[1]说"给他一个理由"，教师要挑战自己去发现学生谜一样的学习行为的意义。他们允许自己对应该"知道"的主题感到困惑，当他们试着解开谜团时，他们对教和学开始有了不一样的思考。255 页提到，让孩子思考，也让自己思考。让孩子们思考，能让老师们忽略先前的判断，而对学生的行为保持好奇。假若教师能够描绘出他们对于任务的理解，就有可能重建它。

舍恩还提到，画图和说话是两种并行的设计里程，二者的结合就是所谓的设计语言。我想，这对于我分析凌波和杨老师的备课情景有利。她们就《钓鱼的启示》这篇课文进行讨论，答疑指点，面对着课文指出这里怎么样，学生看到这里会想到哪里，这些话是他们的教学/备课语言，外人有时不好理解，而"这里""那里"之类的含糊词汇，必须结合对行为动作和媒介的观测，才能理解。

224 页到 226 页的论述，对于我思考知行问题很有启发：思考与行动一分为二的谜思。在实际的行动中反映，行动和思考是互补的。在实验性行动的测试施行探查当中，行动拓展了思考，而且反映将回馈到行动与行动的结果。二者互相回馈，互相设定界线，是行动的意外结果引

1　舍恩.培养反映的实践者：专业领域中关于教与学的一项全新设计[M].郝彩虹，译.北京：教育科学出版社.2008.

发了反映，是令人满意的行动的发生将反映的历程暂时画上句号，打破了自我封闭的循环。

再联想起我读过的那么多书和资料，杜威也能给我很多启发。他对教育和经验的论述，他对观念、观念的思想层与经验层的区分，对我讨论凌波的知与行很有帮助。

说到行，社会网络分析理论对我来说有没有价值呢？它是一种量化分析方法，但它的主张和观念对我很有用。如搜索到的文章中戴维·诺克（David Nock）和 J．H．库克林斯基（Knoke and Kuklinski）提出了两点解释，他们认为网络分析具有两个重要的关于社会行为的假定：第一，任何行动者都典型地参与到包含有许多其他行动者的社会系统之中，这些行动者是人们决策的重要参照点，因此这种关系属性会影响到行动者的认识、观念和行动。第二，重视说明社会系统中不同层次的结构，其中结构是指"具体实体之间关系的相对稳定的模式"。所以，"网络分析通过强调使系统内的社会位置相关联的关系，为描绘整个社会结构及其构成要素的系统图景提供了一个有力工具。故社会关系的组织成为了分析网络的结构属性的核心概念，个体行动者嵌入在此网络之中，此概念也可探察那些在个体行动者层面上不存在的突发性的社会现象。"这些论述不正是我要探讨的个体结构二重性的东西吗？或者说，新手在共同体内与其他成员的关系，他的学习其实就是在关系中学的。我还看到一篇文章用这个理论分析实践社群，虽然都是量化分析，比如关系的密度、强度、关系节点等，虽然我可能不会那么数量化，用数字去表示，但画出几个网络节点关系图还是可以的！所以，值得看看这方面的书。

九、写出他们的故事

2009 年的暑假，我仔细整理了四位研究对象的资料。从第一次接触锁定的这四个年轻人开始，一年多的时间，我为每个人都建了一个文件夹，里面的东西洋洋洒洒：比如田野的 344 MB 文件包里，仅访谈录音和上万字的转录文档就有 12 个，听课、读书课等各种活动参与和反思等备忘录大大小小 62 个；凌波的 367 MB 文件包里包含了 36 个 word 田野文档，字数 10 000+ 的占一半以上；于萍萍的资料除了我每次的接触所得，还有从学校网站上搜罗到的所有和她有关的内容，以及她的成长日记。只顾埋头种地，干得津津有味，抬头往后看，原来待收获的粮食有这么多了！

反复阅读审视这些田野资料包（包括每次的接触摘要单、听课笔记、访谈转录、点滴备忘录、实物等），沉浸其中，阅读、阅读、再阅读，挑出第一感觉有价值的"记录"，找到脉络，给每一个有用的资料按照日期和要点做好标识，根据人头整理成一个文本，然后打印出来再仔细研读——于是宿舍成了"重灾之地"，尽管是筛选过后的资料，但是基数大啊，一张张的 A4 打印纸铺在桌子上、椅子上、床上，最后转战到地上，我一天到晚跪在那里看啊看啊，到最后膝盖痛得都不想走路。但是只要开始，相信很快就能找出大致的模式和工作方向，于是就有了"写出×××"的故事，四个年轻人在纸上丰满地立起来，跟我对话。

以这四个故事（后来因为内容和篇幅等原因，最后的论文删掉了一个研究对象的故事，心疼死了）为基础，我根据研究问题提炼出了不同的主题，形成了论文"研究发现（上）"的主体。我把论文相应部分的目录放在这里，供读者对比下面的故事来看：田野（1. 在教研组中得到支持：公开课上的亮相；2. 摸索教学风格与反思师生关系："麻辣烫"的追求；3. 重新认识"为人师"的内涵和意义：读书会上的收获）；于萍萍（1. 在语文教研团队中成长：找到归属和慢慢"上道"；2. 对自我的反思：用日记固化参与；3. 处理与家长的关系：成立家委会的努力）；王凌波（1. 学着管理班级：在领导和家长之间的夹缝中生存；2. 师傅的启导方式：出声思维和"我们"；3. 对自我的把握：研究生身份的定位和"知识分子"的困惑）。

限于篇幅，这里仅呈现了对一位新教师的接触摘要。

田野，一位 1982 年出生的小伙子，北京师范大学地理专业硕士生。2007 年到清华附中任教。性格开朗幽默，自信，兴趣广泛，喜欢旅游，喜欢说话，不喜欢写作。

我头脑里冒出来的关于他的主题：

喜欢教研室的老师像一个乡村的乡亲的感觉，好的体力劳动者，小字辈。

融入共同体不像继子继父关系一样有个突然飞跃的过程，很自然地进入，开始学、开始听，并发挥自己的作用。

评价师傅的课：有魂、有思想。

对师傅的崇拜：遍地都是幸福，看高手过招。

对学习的看法：思想、技术、知识、敬业。

对师生关系的苦恼：曾经被师傅批评，并被学生提意见，总结教训，但苦恼来自性格、年龄、行的困难。

参加了几个共同体，师徒、读书会、名师工作站。其中，读书会的帮助和答疑，对他来说胜过读书本身。书上的玄妙与教师具体化展示的对比。师徒和名师工作站、课题之间有交织，师傅是媒介。

师傅的评价和期待，对教学风格的判断。这个共同体对田野的作用非常大。

新手/同辈之间的关系由最初的密切、密集，到大家都忙起来。但情感仍在，它是一个情感共同体，而非"学习"共同体。互相学不到什么，但能互相支持和鼓励。

No.1

2007 年 10 月 30 日，在听完田老师课后，第一次跟田野见面，听了他的课。当时的笔记很少，只是在 2008 年 12 月再次听田野讲同一内容的课，回忆起来才进行了整理。笔记的最后有句话：贫、有意思、好玩。学生喜欢。平等，像学生的大朋友。

对田野的语言风格印象特别深，好玩、幽默有趣。好像之后我们还面对面聊过几句，说他的幽默跟师傅的不同，脱离了教学内容，纯粹为逗乐而幽默，但师傅田老师的则是乐趣与知识并存，融为一体的。

No.2

2007 年 11 月，刘老师组织了包括田野在内的 5 位年轻教师，请了陈老师和我一起座谈。过后我写了一篇有关新教师定位的文章[1]，里面提到田野的话语为："他是一个爱贫嘴的小伙子，从他嘴里总是能蹦出些极其幽默的话，也常常把学生们逗得笑翻天"。他也认为这种"贫"是自己的一种风格。但是他必须考虑的一点是：究竟为什么而贫？只是为让学生高兴，让学生喜欢，寻求一种热闹效果，还是能把它与教学水乳交融起来，与教学相得益彰？只有这样，我们才能说，"贫"成为他

1　王红艳，陈向明. 新教师的定位问题：自我、学科与学生 [J]. 当代教育科学 .2008（09）：27-29.

的教学风格，而不仅是他作为一个年轻小伙子的秉性。一位地理教师谈到一种方位图的时候说，学生很可能一辈子也不会看到这种图，从而质疑该怎么教、为何教；同时限于条件的限制，很多实际的知识根本就不能结合实地来学习，造成学生只是记住了某些知识，形成不了相关能力。

反思：这是一次很浅和主观的分析，只是一次谈话我就给他扣上了几顶帽子。他的语言风格在后来不止一次被提起，他也表明了自己在这方面的矛盾心态——既引以为豪，又把跟学生拉不开距离归咎于此。

No.3

2007 年 12 月，刘老师请了附中即将退休的阎梦醒老师和杨建宇老师，又组织了一次座谈。大约三个小时，大家还意犹未尽。内容包括三块：一是刘老师写的文章《我们该怎样做——新教师与特级教师的茶谈》，二是座谈前刘老师让每个人提的问题，三是后来的反思。田野的反思是，悟到了"教给我怎么才能从我的生活经历里形成属于我的正确思想"，提出要在未来的几年内反复琢磨，慢慢地积累属于我的特色的好课。并追问：我的长处在哪里？我的乐趣在哪里？——个体的反思和追问，体现了对自己身份的定位和协商过程。

而在他提的四个问题中，两个是细节方法性的，一个是情绪性的（低落），一个是有关对自己 / 职业的认可或者认同的。这些问题的思考是他在积极参与的同时固化下来的思考结晶，使他能够整理自己的思路，并对照反思自己。

No.4

2008 年 1 月 14 日从西二旗小学路过附中，在地理教研组跟田野进行了大约三十分钟的访谈。谈到了"刚工作和现在的变化，跟师傅相处及师傅指导的情况"，田野对比了自己和师傅的差异（行云流水与一招一式），提到备课时会想之前当学生时的学习。

这次是没有准备的仗，我是凭着自己对师徒制的兴趣展开了提问。重点在他们师徒交往、师带徒上。也窥见了田老师指导徒弟的独特之处，在后来的访谈中他也提到过。而对比师徒间差异，显示了他的认同，这种对比虽然不是温格所说的三种认同／归属方式，但它们给了田野努力的方向，他把自己放在了师徒共同体内，在师徒的互动参与中提高自己，给自己定目标。

No.5

2008 年 12 月 8 日晚，刘老师组织的清华附中读书会上，田野导读了《重新认识你自己》，有录音，只是讨论没有记下来。此后的访谈中他还提到对讨论小组中与之辩论的那位老师的不满：不读书，根本讨论不到点子上。共同体中其实是有摩擦的。他有作为一个年轻人的心高气盛和持（口）才自傲："学生都没有一个敢跟我单挑的"。而后来的访谈中，我也追问，为何对自己的口才评价这么高，对教学却评价这么低呢？这显示了他的认同矛盾？处在协商之中？

No.6

2008 年 12 月 17 日，附中 2008—2009 年度青年教师基本功大赛，田野讲的是"常见的天气系统"。备忘录中写到了我的感觉：两相比较，田野的语言变化特别明显，这次慢很多、平和得多，那种和缓深沉的调子让我很惊讶——和他平时的说话风格差别很大。因为和刘老师坐一块，她对他有些评价，如"（杏花村）这是他师傅的保留节目，因为他是安徽人；但其实我觉得这里存在着科学错误"。然后她给我讲，但听后我就忘了，因为所用的词和原理我记不住。

随后的记录有：我和田野的简单对话；田野对课的反应；田老师的反应；刘老师等我们四个人在教研组里，他们三人的对话（基本上是对田野的表扬赞同，比如语言、关注点）；然后是评价和指出问题，如田野的紧张和冒汗、捶胸的动作。

最后是晚上跟刘老师喝茶，除了对教研组团结和家庭式的描述外，她又对田野和基本功大赛给予评价，如：从我的角度看，田野的课其实很有问题，没有重点难点，没有启发和设问。他没有真正从学生的角度来上课；如果我是他师傅，我不会让他参加；如果他来问我，而且态度很虔诚、是真要听意见的话，我会告诉他；但我不让他听我的课。他有自己的师傅，同时听两个师傅的话，会乱的。因为我们不一样，如果按照我的来讲，田老师不同意，会冒犯他的。

然后我对新手教师的等待和认同问题进行了反思：如果心底里不认同的话，也只能在表面执行。只有他理解了、认同了才能真正接受外来的建议，否则会认为是对自己的动摇。没有定力或许是因为新手对自己身份的认定是不牢固和脆弱的，他需要持续地协商和自我肯定及与他人互动，但最终效果如何，取决于他的内因，他对自我的认可、试错之后的肯定。这样才能真正形成表里如一的认同，而不是不认同或者认同延迟。

最后反思：这次的内容非常丰富，有田野在学校评委面前的展示（后来得知他在语言和综合方面都是一等奖！这体现了他的被认可和"成绩"的固化）、师傅的肯定和帮带、教研组的对话、自我的反思和行为表现、主要人物的评价、研究者对自我的反思。这牵涉到很多主题：参与和物化、他人的认可和接纳、自我的认可和意见/意义协商。如果要仿照温格写个小短剧的话，今天的场景可以描述一下。

No.7

2008 年 12 月 22 日，约田野吃饭，再加上在未名湖边的聊天，总共聊了大约三个小时。从他小时候到大学、到工作，聊得我脑子里信息超载，事后竟然不知道该如何下笔整理我的思路。田野非常善解人意，并且他非常配合我的"工作"，我的一句问话能引出他的几十句话，滔滔不绝。不过因为我让合法的边缘性参与洗了脑，所以固执地围绕着它来提问，可能他都急了，一再申辩自己不边缘，融入学校不困难。所以，如果要用在论文中，应该注意我的引导性提问的影响。

他的很多话特别妙，比如：刚工作那会儿我就是从别人的眼里看自己；我就是一棵翠叶白梆大白菜，一眼就能看到底（对自我的描述、评价、身份）；学校就是我的娘家；学校是个散漫的共同体；我们教研室既相敬如宾，又亲如一家人。他们都罩着我（成员的认可和接纳）；老师们就像一个村的乡亲（对实践共同体的认可与归属）；我觉得自己没有一个融入的过程，我就是在那里，一开始就做自己该做的事情，待在自己该待的地方（参与的过程）；我们四个新教师都是你说完了我说，谁也安慰不了谁，没有谁是主导核心什么的，大家都是平等的，互相支持（小圈子的关系和参与方式）；我开会时几乎没说过话，因为我什么都不知道，我要做的就是听，听老师们说什么，我学（新人对实践共同体的参与三要素分析）……在田野看来，学校是没有一个什么核心的，即使教研组开会，他的师傅田老师作为组长，也只是开会布置任务，然后其他老师发言和发表意见，并没有什么核心。教研室里也没有什么内部的语言他听不懂或者进入不了的东西，因为一切都很顺利，其他老师对他都非常好，让他感觉很好。

我还知道他由师傅带着进入了北京市地理课名师工作站。是也在做着师傅给的关于网络平台的一个课题吗？待问。

No.8

2009 年 2 月 26 日晚 6：00—9：00，清华附中教师之家，10 人参加的读书会，我导读了《教师故事启示录》，田野听完导读，讨论了两句就离开了。好像看到田野打瞌睡，原因可能是我讲的太没趣，没有讲故事；二是他太累，或者是不赞同作者如此讲/写故事？田野和邱磊意见差不多：故事的作用到底有没有这么大？因为很多的事情都是灵光一闪发生的，以后会不会发生、会不会再闪灵光，是不可知的，即使记下了故事也并不能对以后的事情产生多大作用。而且别人的故事对自己的帮助是很有限的，充其量能起到第一个作用，即从别人那里得到安慰。田野也说了，真的没时间、没有精力去写，太忙了！而且写故事需要鼓励，否则没法坚持。而我们讨论认为，田野、邱磊他们最初就是因为缺少反思这种能量，几个新老师在那里进行平面的交流和宣泄，没有"光明"进来，没有更高一层的反思和提升，没有追问为什么，没有能量补充进来，只是停留在情感的宣泄、郁闷的散发上，所以不能继续。

新手高层次的、非停留在回忆和发泄层面的反思是最重要的，但没有时间、疏于写作又是一大障碍。也许是因为每个人的出口不一样，有的人善于说，而有的人出口是笔，是写作。所以，田野的口才值得赞扬，但写对他来说，何尝不是一种思路整理呢？那次特教座谈后的小片段，写得多好啊！但愿我能再收集一些书面的资料，因为论文是没法呈现出他那滔滔不绝之口才的。

No.9

2009 年 3 月 1 日访谈了刘老师，聊了聊田野，提到了他的苦恼——与学生太无间、太"哥们"了。而相比之下，另外两个新来的老师，就特别有板有眼，得到学生的"敬重"。其实学生的喜欢不是绝对的，一个老师不可能得到所有学生的喜欢，也不可能会让所有的学生不喜欢。但或许更"像个老师的样子"，对于教师开展工作更顺利一些？就像高老师说的，老师必须要让学生敬重自己，只有爱没有敬，是绝对不行的。所以，虽然我们不再如此强调师道尊严了，像程门立雪一样的绝对化，但师之尊仍是教学教育的必要条件，爱和敬都不能走极端。

我问到田野的到来给共同体带来什么变化，刘老师提到肯定有变化，"从经验比较，从我经验推理的话，如果田野不来，他在和不在不一样，比如话题。不过这不是一个群体的，是我个体的问题。"即她站在一个老教师的角度看到他回来唉声叹气会安慰他，于是就有了话语的不同。我问，共同体的具体变化比如常规之类的呢？她说："别说你局外人，就是我们自己在里面也很难看到。其实应该是有差别，能表现出来，但是你的敏感捕捉能力……应该有个差异，你一言我一语之中肯定会有一些差异，有些变化。"——我要怎么看这些变化？三要素的变化？或者只是白描它们？

但刘老师接着指出，可能差异就是田野的问题和别人的问题不一样。如果这个组没有新教师，即有新教师和没有新教师，讨论的问题会不一样。对他安慰的东西比较多。——看来，从话语角度切入很重要。还有结合田野访谈中提到的，电脑、跑腿、愿意出力干活，这些都是他作为年轻新人的独特的地方，他在和不在的确不一样。而当时他提到了大家都爱谈起的小王，是他不知道的话题，但这并不阻碍他的参与，他能想象出这样一个人。

刘老师的这段话对我启发很大："如果田野没在这个组，他也能成长，只是从这个组里，从这个共同体里获得了什么样的收获，不说快慢，而是说获得了什么不同，是与他个人成长环境不同的一种收获。宏观上可能就是一种心理支持，就好像有个家，外面受了什么委屈可以回家说两句，发泄也好，疏解也好。或者建议……建议就很难说了，因为这就是经验性的，他说学生不听话，应该怎么办，大家你一言我一语，给他些建议，但实践上不起什么作用。这需要自己琢磨，甚至自己撞完墙才管用。而关于共同体，它需要有个关系、有个载体：因为有共同思考的载体，才会产生对话。为什么田野进来以后，大家只是安慰，因为没有共同的载体；如果我们同头，那话题就太多了。他跟他师傅田老师因为同头，生死攸关，就是一根绳上的蚂蚱。"——利益关系、动力学，看来是我要特别关注的。其实在小学也是如此，潜在的竞争、成绩的排名，都有这样的利益关系和动力学在里面的。

我还得知了清华附中读书会的来龙去脉。刘老师通过书这个载体把不同学科的新教师融在一起。读书会是个松散的组织：每个人心态不一样，他可能觉得这是个组织，不太愿意脱离开它，但又不见得对读的这个东西多么感兴趣。每个人都不一样，但不管抱什么目的，他肯定觉得坐下来聊聊有意思，忙起来了呢就觉得时间不够。她给田野的评价是："他俩比较偏激，但我认为偏激本身很正常，没有经验对比嘛。共同体就有这个好处，共同体可以引导他自己想，看不到的东西，我们可以给他指出来。你还可以这样想，不管他是不是心服口服，但可以取得一个角度，给他一个角度去思考。"并用水土流失的例子做支撑："我感觉他出来的时候是一个死结，就觉得是教材错误，没法讲了。但如果有个共同体，发出另一个声音给他，就提供了一个参考背景，他可以认，也可以不认，重要的是提供另一个看法。"——共同体给有些偏激的新人一个参考背景，让他听到不同的声音，以不同的角度去思考。这一点对其成长非常重要，他通过与其他成员交往、激励和激发想法，在参与和协商中生成自己新的意义。

No.10

2009年3月19日，跟随刘老师到了他们的教研组会议上，这是一个很好的机会，听见了田老师如何给田野说下周的课怎么上。两个人也有互动，田老师问了他几个知识型的问题，但都很短暂（这和凌波很不同）。

然后晚上参加了他们的读书课。田野小组讨论有录音（因为组里有两位经验丰富的老师，所以"就几乎成了田野这个新人的答疑会"），而最后汇报时的录音也很精彩（我现在都还记得他说的"那种小乌龟托在手心里的感觉"）。后来刘老师来信说，"田野今天还在津津乐道，好像顿悟了什么似的"。他围绕读书的顿悟写了一小篇文章，我要拿来看看。

No.11

2009年4月2日听师傅田老师的公开课。田野坐在旁边给一个女老师用很形象的语言解释海拔越高越冷的问题。评价师傅的课时，说了以下语句："我那个就像看英语单词，谁和谁也不挨着，像字典，而这个就是故事，逻辑上是有联系的，上完就能回忆出来，这个是靠回忆起来的，我那个是靠记忆起来的，这个是整的，我那个是散的。另外一个是没有中间那些模板，这个很重要。我没有这个意识；同样的教材，同样的东西，我看到的就是教材，老大能看到更本质的东西、更上位的概念、更核心的东西。我看到的只是流域开发，而老大看到的就是区域研究的方法。这就是差距；武林高手的绝世宝剑，到你手里，未必好使；这个不是一天两天能练出来的。我可以做到清晰准确，我对学生的吸引纯属是插科打诨，跟这个有差别……"当然他也在我的追问下说了师傅课的一些问题：可以再简炼些，没有那么多重复。

也谈到了上次的读书，他说，"之前感觉（那些书）太哲学、太虚无缥缈了，这些疯子干嘛呢！但通过两位老师自身故事的讲述，把'爱学生'这个原则可视化、具体化了，起码我对这个东西、对这个人很认可了，然后再去看书、再去学。"对新手教师来说，给他们讲大道理、讲原则、讲要怎么做，收效很少。把抽象、一般和普适的东西，可视化、具体化，最好是通过故事的方式让他们共鸣，能抓住具体的东西来领悟。

No.12

2009 年 4 月 16 日读书会，拿到了田野在上次读书会后写的小反思。他说自己有三个收获：爱、关心和责任感；等待；柔软的心。"通过两位老师的言语、表情，就好像看到眼前有人在挥舞利剑，问题一个个迎刃而解的感觉，爽快！难题面前，除了放弃和沮丧，我还多了第三种选择，就是等待，满怀温柔地等待这样一个时机的到来。呵呵，踏实！小小的需要关爱的心能够唤起心中柔软的一面，面对这些小小的学生，不也是一样的么，有暖暖的春天午后的感觉。"从他的用词里就能体会到他的感性和率性。和他一起，路上遇到三个初中的孩子，那种围拢来眼巴巴看着你、和你说笑的感觉，真的是让我很感慨：到底什么样的师生关系才是好的？田野在读书会里扮演了很重要的角色：协调员、买书的人、买食品的人、跑腿的。不知他对自己在读书会中扮演的角色有什么看法？他愿意做吗？

No.13

2009 年 4 月 29 日到附中做了两件事情，一是看了看田野桌子上的活页夹。里面多是记录的师傅的、如何应对高考的以及他做的环境课程课题的东西。访谈中，他再次用了菜的比喻，麻辣烫、粤菜、川菜的对比很形象。因为我是带着"学什么"的问题去的，所以重点问了问这方面的问题。他提到学习分两个部分，看，然后想，再学着做，做完会和师傅或其他人聊聊。而学到的东西有：教学技术（方法），具体知识，思想如何教。他提到自己的精神状态非常好，很开心，因为一有什么困惑，高手就能给他解决，或者从高手那里看到解决的方法。很有收获。另外，聊了聊他所在的名师工作站，以及跟师傅做的一个教育部重点课题。很明显，这两个方面的优势（在别的年轻老师看来是极好的、极受人羡慕的机会），都是田老师给他的。他有学习的机会，但是更有学习的愿望。"幸福满地都是"，是他对自己现时状态的描绘。

用几种不同的方式分析了这段资料，举两个例子（见图 4、图 5）：

No.14

2009 年 5 月 21 日我们的课题会，大家对我访谈田野中的"做菜"比喻进行分析，提出了很多观点，比如他并没有真正反思，他对自己认识太清晰了以至于其实他说的问题不是真正的问题，他的个性特质没有和教学融合，所以不能称为实践性知识，以及他的内心到底怎么想的，等等。我也糊涂了，究竟该怎么分析？刘老师有些持反对态度，认为他只是要贫，没有真正统一到教学中。她的风格和田野截然相反，个人性格也是。那和他风格相似的师傅如何评价他呢？下周一定要访谈田老师。

No.15

2009 年 6 月 11 日，终于访谈了师傅田老师，高兴！田老师很健谈，在他办公室里说了大约一个小时。然后回到对面办公室和田野聊了几句。之后到一楼德育处找到邱磊，同样健谈，大约说了半个小时。又和贝贝说了几句话，关于读书收获的"理念"。还算有收获。

田老师提到他选择徒弟的标准、师傅培养的方向："避免你的徒弟只是勤恳，避免徒弟只喜欢玩一些花哨，要让他两手抓，既要在理论上不断充实自己，然后学别人的东西时必须结合自己的思想"。他用李白与杜甫的风格做譬喻。田野之所以进步比较快，与他"在拜师意义上的理解比较到位有关，他不是被动的。他能够意识到，他跟着师傅学，学的是对他一生都有用的东西"。还提到他给田野的四次大的机会以及对田野优缺点的评价，谈到了教师要与学生亲密有间。还有对后来田野"没有自己的东西"、爱从网上下一堆东西、自己的东西灌输不进去的批评。

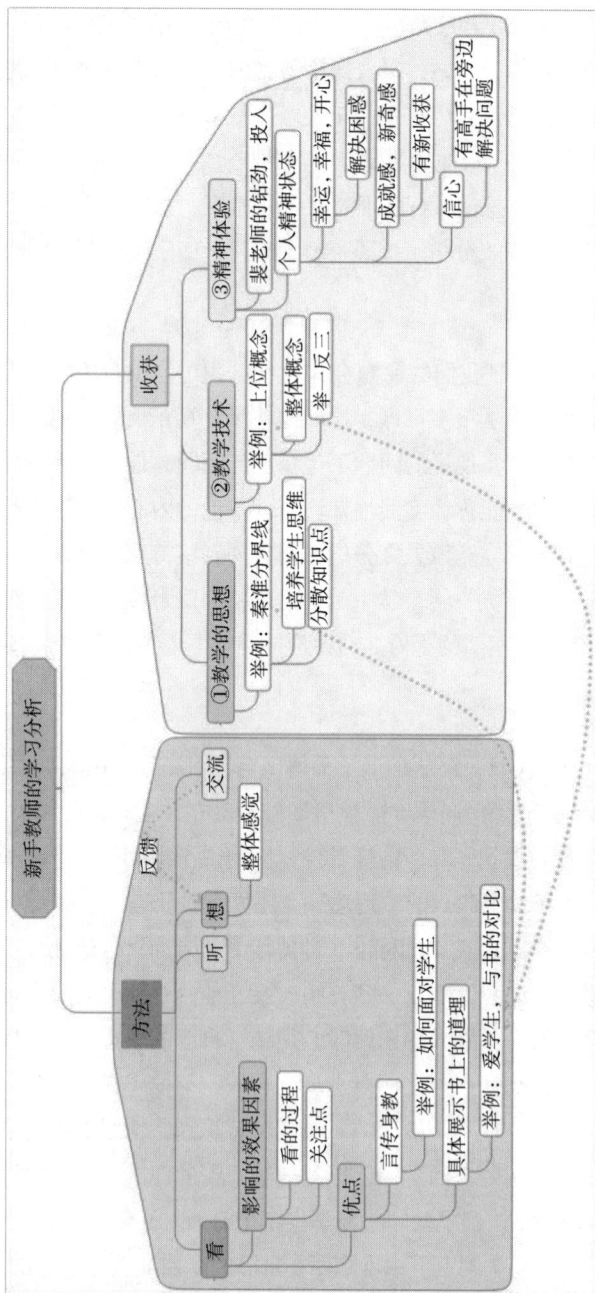

图 5

教学的技术	教学的思想	理	为学生着想	高手
2	2	2	7	5

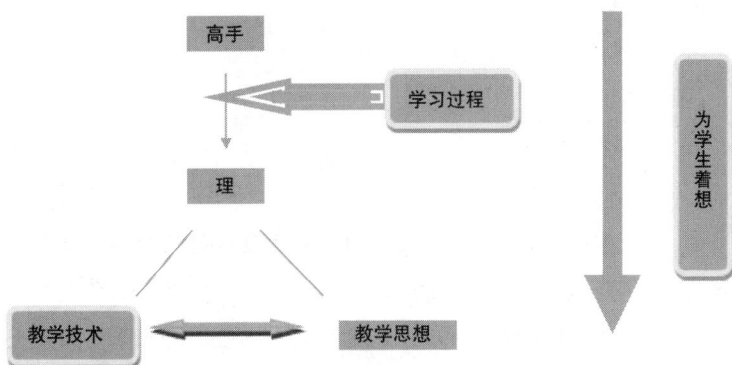

图 6

最后是对田野下一步的安排：做班主任。

田野就一个家长给她孩子班主任写的信写了一篇小文，大发感慨，也在纠结这个问题：学习到底是为了什么？他提到，现在能抓住一些、体会一些了，现在他让自己不那么纠结了，有了第三条道路，有了一定的经验。邱磊则就我的问题"学习到了什么？"给出答案：如何和学生谈话、如何避免走险滩、如何汲取失败的教训。然后是上课时老教师的经验传授，最后一个是人格魅力、前辈的光辉形象。让自己也朝那个方面去做——"在中学，第一位的不是你的教学能力，基础教育上教学能力是其次的。首要的是能不能育人，说不好听点，是管班。"

十、重读《教学勇气》

为什么叫重读，是因为两年读了两次，一次是在清华附中读书会上，一次是清楚了博士论文的研究问题和框架后再次深入研读。一次有一次的收获。所以，先简单呈现读书会后的备忘录，然后是沉浸在研究中一年后重读该书的备忘录。自己带了研究生之后，我也定期组织他们读书，又读了两遍《教学勇气》，好书不厌百回读。

（一）读书会上见到吴国珍教授

2008年10月24号晚上参加了刘慧霞老师在清华附中组织的读书会。刘老师作为我们课题组的重要成员，以其睿智与包容赢得了大家的喜爱和尊重，她也跟着我们上了几次博士读书课，萌生了自己组织读书会的想法，于是带领着刚刚参加工作的几个年轻人读书，慢慢影响越来越大，学校领导都开始重视起来，甚至专门拨出经费，不再是每次都由刘老师自己买茶买水果……

这次是邱磊老师导读《教学勇气》。[1] 让我惊喜万分的是，请来了翻译者吴国珍教授！吴老师很和蔼，也非常有亲和力，还带了自己的六个研究生过来。读书从六点半一直到九点半，严重超时了，但是大家都意犹未尽。时间长一是因为导读者个人阐发太多，讲的故事太多，用了一个小时；二是吴老师对这本书的感情太深了，说了很多翻译的经历和

1　帕克·帕尔默.教学勇气——漫步教师心灵 [M].吴国珍，译.上海：华东师范大学出版社.2005.

感受，并联系到克里希纳穆提的很多观点。她喜欢克这个人喜欢得不得了。

读书会的形式和我们的读书课一样，个人导读、分组讨论，然后汇报。大家对"伟大事物""柔眼"这两个词都特别感兴趣，讨论问题几乎都是围绕它们的。而田野作为我的研究对象，他的从教经历也很好地阐发了这两个词。比如，他在教"退耕还林"内容时，认为这是错误的，因为黄土地势不适合，只能是退耕还草，所以，他对教材上的"错误"和如何教给学生感到很苦恼，觉得教材没法教。而小组讨论让他悟到，伟大事物不是静止的东西，不是"地理课本"，而是"地理"、地理知识，他需要和学生一起探究和批判思考，围绕着"地理"这个伟大事物发现问题和解决问题。伟大事物最初也许有个雏形、有个具象，但它不是静止、恒定的，而是会生发、流动、旋转，或许会在不经意间出现，笼罩在每个人的头上。再比如，说到柔眼这个概念，它和利眼（对现象强烈、充满恐惧和自卫式的高度集中反应）相对，是"我们的眼睛是开放的、善于接纳的，能看到世界的伟大和伟大事物的魅力。我们的眼睛因惊奇睁得大大的，不再因措手不及的惊奇而抵抗或逃跑"（书中 113 页）。我和刘老师讨论后认为，田野之所以对教材上的"退耕还林"这种"错误"感到困惑与无措，就是因为教龄不长，还没有练就"柔眼"，看不到地理教材的特殊之处、地理教材与地理本身这个伟大事物的不同。在刘老师看来，这是个很好的契机和教学点——让学生理解还林和还草的区别与联系，生成自己的判断，同时批判性地学习教材。对经验丰富的老教师来说，这一点根本不会引起困惑和无措，而是会"转向刺激的方向，接受它，然后做出一个比较真实的回应，例如，对这个新的想法做出思考"。

后来在和刘老师的访谈中，她提到这次事件，评论道（基本上是原话记录）：

这个读书，就是围绕书的内容吧，它有可能谈到学校、制度。学校任务太多，上次谈的就很好，谈了很现实的东西，整理了应该给校长，对于学校的决策，包括怎么平衡主课和副科之间的关系都会有价值。还有学科间作业量要不要平衡，你留题太多，别的学科成绩上去了，我的学科可能就下去了。学科之间的时间竞争，学校不协调，老师互相抢时间，最后是小孩苦。我们读书会就是谈谈之间的困惑。我觉得老师们读书和大学读书不一样。一线教师什么能听进去？只有现实的东西能展开讨论，话题一出，大家都有共鸣。那俩年轻人比较偏激，但我认为很正常，偏激本身很正常，没有经验对比嘛。共同体就有这个好处，共同体可以引导他自己想，他可能看不到的东西，我们可以给他指出来。你还可以这样想，不管他是不是心服口服，但可以取得一个角度，给他一个角度去思考。他们谈话不太平和，可能是都觉得自己比较有能力吧，越有能力的人就越觉得自己的观点是正确的。比如上次读书，田野讲到水土流失和植树造林时说，书上说的这样，但我到现实去根本不是如此，所以就很困惑。我说，正好，这是一个非常好的机会。对你来说，首先你得这么想，你去过黄土高原，还是黄土高原的某一个地方？它能代表整个黄土高原吗？第二，国家说的是一种原则性的东西，它对整个高原是原则，但具体到某个地方，还要具体情况具体分析。还有，课本观点你不同意，你可以讲出自己的观点，这样学生就会多一个视角。他就不说话了，我感觉他出来的时候是一个死结，就觉得是教材错误，没法讲了。但如果有个共同体，发出另一个声音给他，就提供了一个参考背景，他可以认，也可以不认，重要的是提供另一个看法，这很重要。新教师看问题有些偏，这是肯定的。

吴老师的一些话给我留下了很深的印象，简要记下这么一段：

伟大事物是教师的创造力创造出来的；每位教师都有自己的秘密花园；好老师会由博返约；安静的人会很有力量；情境导入法教学与在教学中创设一个情境截然不同；有柔眼之人的心是轻灵、新鲜、活泼和警觉的，有内心的安详；转换自己，自在唤醒，无痛更新；天才是合乎逻辑的下意识。

（二）重读《教学勇气》

2009 年 7 月 7 日，又读了一遍《教学勇气》，感觉很多点是有用的。比如隐喻"好的教学是什么"。再比如，教师、学科、学生的联合，就是三角模型。比如，对个性特质的一致的学习的讨论，其实就是田野的风格困惑。最重要的是，它说自我认同、认识自我最重要，这就是我要说的第三个学习层面，智能、情感和精神都与之对应，从而和洋葱圈对应起来。很不错，比起去年在清华附中读书课的那次阅读，收获又多了一些。再做做摘抄吧。

p2　教学中的困惑主要有三个原因：我们教授的学科是像生命一样广泛和复杂的；我们教的学生远比生命广泛复杂；第三种解释教学复杂性的理由是：我们教导自己认识自我。

p3　就优秀教学而言，认识自我与认识其学生和学科是同等重要的。事实上，认识学生和学科主要依赖于关于自我的知识。当我不了解自我时，我就不了解我的学生们是谁。

p5　把教学缩减为纯智能的，它就是冷冰冰的、抽象的；把教学缩减为纯情感的，它就成了自我陶醉；把教学缩减为纯精神的，它就丧失了现实世界之根基。智能、情感、精神依赖于相互之间的整体性，它们本来应完美地交织在人的自我中，结合在教育中。

凭智能，是指我们思考教与学的方法——人们如何获知和学习的概念、有关学生和学科本质的概念，以及这些概念的形式和内容。凭情感，是指在教与学时我们和学生感觉的方式——它既可以增多也可以减少我们之间的交流。凭精神，是指我们对于心灵和芸芸生灵密切联系之渴求的多种响应——一种对生命的爱和对工作的渴望，尤其是对教学工作的渴望。

注：它们对应了我研究中的学习教的知识技能和方法；理解教的意义，认识学生、师生关系、职业价值；自我的使命感。

p5　有时人家问我，给教师提供一些日常教学中能够用到，从而能在教室里生存下去的点子、窍门、技能不是来得更实际吗？

p6　方法固然重要，然而，无论我们做什么，最能获得实践效果的东西是，在操作中去洞察我们内心发生的事。越熟悉我们的内心领域，我们的教学就越稳健，我们的生活就越踏实。

p10　真正好的教学不能降低到技术层面，真正好的教学来自于教师的自身认同与自身完整。

p11　好老师有一个共同的特质：一种把他们个人的自身认同融入工作的强烈意识。不好的教师都是一个样，"他们说的话在他们面前漂浮，就像卡通书中气泡框里的话一样"。不好的老师把自己置身于他正在教的科目之外——在此过程中，也远离了学生。

p11　好教师具有联合能力。他们能够将自己、所教学科和他们的学生编织成复杂的联系网，以便学生能够学会去编织一个他们自己的世界。这些编织者用的方法不尽相同：讲授法，苏格拉底式的对话，实验室试验，协作解决问题，有创造性的小发明。好老师形成的联合不在于他们的方法，而在于他们的心灵——这里的心灵是取它古代的含义，是人类自身中整合智能、情感、精神和意志的所在。

当优秀教师把他们和学生与学科结合在一起编织生活时，那么他们的心灵就是织布机：针线在这里牵引，力在这里绷紧，线梭子在这里转动，从而生活的方方面面被精密地编织伸展。毫不奇怪，教学牵动教师的心，打开教师的心，甚至伤了教师的心——越热爱教学的老师，可能就越伤心！教学的勇气就在于有勇气保持心灵的开放，即使力不从心仍然能够坚持，那样，教师、学生和学科才能被编织到学习和生活所需要的共同体结构中。

这一点正是我提出的三向问题领域模型，即三角动态模型，新手要学着动态联合，练习编织技巧。现在看来，凌波的摇摆不定、田野的责任困惑、于萍萍的苦于补课，可能都是三向缺角的表现。

p12　如果作为教师，我们想要成长，我们就必须做一些学术文化以外的事：我们必须交流内心生活——这在惧怕触及个人，从而在技术、距离和抽象中寻找安全感的职业中，确实充满危险。

p18　教学一直都是个人生活与公众生活危险的会合。

一个优秀的教师必须站在个人与公众相遇之外，就像徒步穿行在高速公路上，处理川流不息轰鸣而过的交通车辆，在百川交汇处"编织联系之网"。

为了减少我们易受到的伤害，我们与学科分离，与学生分离，甚至与我们自己分离。我们在内部真实和外部表现之间建立了一堵墙。

p24　我开始寻找一种与我自己的本性更契合的教学方式，这种教学方式要与我自己的个性整合，就像我导师的教学方式契合他的个性一样——我的导师之所以有魅力，关键是他在他的教学方式和他自身之间找到了一致性。

p147　当我们聆听彼此的故事时，我们时常会默默地反思自己作为一名教师的自身认同和自身完整。当甲说话时，我明白令他成功的方法不一定能为我带来成功，因为这种方法未必适合我的独特身份认同。但是当我听到乙说话时，由于觉得适合我的原本特质，我发觉我想学习她所用的那套方法。

由此想到了田老师说的，"田野的风格像我。"而田野说，"她（另一个地理老师）说的我根本就不会听！"这是基于性格特质的教学，如师徒之间的"相像"、师傅挑选徒弟的直觉。田野的外向幽默，都像师傅；而师傅对他由他的性格带来的与学生的无间，不赞同，师傅的理由是这样不好，"因为我也年轻过！"所以由此推断，其实师傅年轻的时候也有过类似的问题和苦恼。

p26　师徒是人类古老的共舞舞伴，教学的一个伟大收益就在于它每天都提供给我们重返这古老舞池的机会。这是螺旋上升地发展的代际舞蹈。在此过程中，长者以他们的经验增强晚辈的能量，年轻人以他们新的生机充实、激发年长者，在他们的接触和交流中重新编织人类社会的结构。

p29　《沮丧者教育学》：作为一个教师，她的困扰在于没能帮助学生学习他们想要了解和需要了解的东西，而是"1）向学生显示我有多聪明；2）向他们显示我知识多渊博；3）向他们显示我备课多认真。我就是在进行一场演出，其真实目标不是帮助学生，而是以此使他们对我有一个好的评价"。

或许这是新手的普遍问题。分析田野的贫和幽默风格？他用十五个小时搜那些好玩的东西，让学生们喜欢。

p31　到底有多少教师将他们自己的痛苦加诸于学生？这种痛苦就是来自于：他们正在做的事从来不是，或不再是他们真正倾心的工作。

相比之下，杨老师说她的幸运就在于做了自己喜欢的工作。

p32　它迫使我们面对教学中两种最难对付的真相，第一个真相是，除非教师把教学与学生生命内部的鲜活内核联系起来，与学生内心世界的导师联系起来，否则永远不会"发生"教学。第二个真相更让人恐惧，只有我们教师能够与自己的内心对话，我们才有资格说教师深入到学生的内心中。

p45　在我被"来自地狱的学生"困住的同时，我忽视了其他学生的需要，使得其他学生都成了可有可无的人。那天我知道了什么是黑洞："黑洞就是物质的密度太大以至于光线都消失了的地方"。

p49　因受到惧怕的学生制约而彷徨的教师，惶恐地防范着他们的学生！

p50　在你们的成长道路上需要我的帮助，我也需要你们的洞察力和活力来帮助我更新我自己的生命。

我想要铲除的恐惧植根于我需要被年轻人喜爱——这种需要可能在教师中很常见，但却是一种会阻止我们很好地为学生服务的需要。这种恐惧是病态的。它使我去迎合学生，使我丢掉了我的尊严和我的方式，使我如此担心最后一排那个无精打采的学生不喜欢我，以至于没能对他和教室中其他所有人进行教学。

田野的纠结也是如此，他致力于学生喜欢自己，喜欢自己的课，当有学生不听课时，他的纠结使自己不能释怀——"我到底要怎么做？"

p51 好的教学是对学生的一种亲切款待，而亲切的款待经常是主人比客人受益更多的行动。通过提供款待，一个人就参与了所有人可依靠的社会结构的无穷尽再编织。这样给客人的维持生命的礼物变成了主人的希望。教学也是如此，教师对学生的亲切款待产生一个更亲切款待教师的世界。

p55 任何一种认识都是形成某种联系，都是依靠与我们认识的事物形成更深交融的愿望而生气勃勃。

认识就是我们如何与未及的他者建立关系，与那些缺乏知识结构联系而逃避我们的现实建立联系。认识是人们寻找联系的一种方式，在这个过程中会有相遇和交融，这些相遇和交融会不可避免地改变我们。在最深层次，认识总是共同分享、相互联系的。

认识是寻找联系。这句话似乎很有启发意义，放在我有关知与行的讨论中？

p107 "伟大事物"，是求知者永远聚集其周围的主体，不是研究这些主体的学科，也不是关于它们的课本或解释它们的理论，而是这些视为主体的事物本身。

伟大事物的魅力诱发出我们的美德，赋予教育共同体最佳、最优的状态：1）多元化；2）多重含意的解释；3）创见性争论；4）诚实；5）谦卑；6）自由的人。［注：此6点是本书著者后期整合而成。］

p110 教师职业需要培养一种神圣感。

p113 "柔眼"是在我们注视着神圣的现实时能引起感情共鸣的现象。现在我们的眼睛是开放的，善于接纳的，能看到世界的伟大和伟大事物的魅力。[利眼则是：通常，当惊奇事物突然出现使我们措手不及时，我们的视野范围会突然收窄，加剧那种或打或逃的反应——这是与斗力又斗智形影相随的"利眼"现象中强烈的、充满恐惧和自卫式的高度集中反应。]

在田野的资料单中，我遗忘了邱磊导读《教学勇气》的那一节，只是在后来访谈刘老师时她提到了其中一块内容，我在8月10日的备忘录中提到了这个事件。田野质疑退耕还林，绕在其中出不来了。还林还是还草，当遇到这个矛盾时，他张开的是一双"利眼"，很困惑，不知所措。而在共同体里，给他一个声音和参考背景，能让他反思和改进问题、建立联系、生成新认识。

p117　在真正的共同体模式中，课堂上教师和学生同时专注一件伟大事物，在这样的课堂上，让主体——不是教师或学生——成为我们专注的焦点，以教师为中心和以学生为中心教育的最优特质获得融合和超验升华。

p118　如果我们要把课堂作为真正的共同体，一个让我们彼此坦诚相对的共同体，我们必须在教学的核心范围内，加入一件伟大事物，也就是第三事物。

任何情景的真正共同体都需要一种超验的第三事物，令你、我对超越我们自己的事物问责。

p144　同事的共同体中有着丰富的教师成长所需要的资源。我们如何能从个人化的框框中跳出来，建立持久不断的教学对话，去好好地利用这些丰富的资源呢？

p149　隐喻以一种纯真而原始的方式引出我自己部分的自身认同和自身完整。

我们能同时透过它看到自己的阴影部分，以及它所展现的优势。

我能扪心自问，"在这种情况下，牧羊犬会做些什么？"——然后试着用尽可能贴近隐喻的方法去回答这个问题，这样就避免了在解决问题和技术上的生搬硬套。

隐喻要作为我的一个重要主题，或者总结时，借鉴文献对新手 / 师范生培养提出建议。要好好读一读 *Metaphors We Live By*，即《我们赖以生存的隐喻》。教师发展是一个动态过程。从新手到熟练的不同：新手教师多是"表演"，自我认同低，只注重学科；经验教师则开始关注与学生的关系、对学生的评价；熟练教师则在情感、智能、精神方面都有发展。但是有经验的教师不一定自我认同得很好。这是一个悖论。

十一、忍痛修改论文初稿

好书不厌百回读，好文不厌百回改！不过往往我们在写出一个东西之后，打心底里是不想修改的，一是因为懒惰心理作祟，更是因为对重起一个框架的恐惧和不确定心理。这篇备忘录虽然题目起了"忍痛修改"，但字里行间很多内容都是打算保留的、不想修改的，所以也算不上多痛。但正如第一章"飞来飞去的初稿"里所写的，最后还是一次次地"痛苦万分地一点点删掉了很多自以为 perfect 的内容"，定稿的框架比起这篇备忘录里提到的改了很多。但种种修改都是有意义的，修剪掉多余小果才能收获甜美大果。

2009 年 11 月 30 日，好久没有写汇报了，主要是因为前段时间忙着写论文，把心思都花在了上面，完成了拙劣的初稿，然后就再也不想打字写东西了，在家闲散了一个月的时间，提不起精神来。这几天来到学校也是不适应，心情一直调整不过来，低落消极，不知道要从哪里做起……连完整的书都没有看一本（似乎除了《圣人无意》之外），没有东西要写。今天稍稍有了点状态，想想下面要做的关于修改论文的事情：

四个新手教师的故事是我费心写的，我非常喜欢也不想放弃，所以我还是想先保留这四章内容，但会像陈老师建议的，写得更有结构、有逻辑性，围绕我的研究问题，重点用"小结"来深入讨论故事的"意义"。看上去四个独立的故事，其实是有内在关联的，故事内部的几个主题也给它们理出关系。这样，四个故事都围绕我的研究问题，在四个小结的基础上做结论，引出第九章的内容。

四个故事之前的序曲这一章我也想先留着，用"引言"的方式，理一下我从所有研究对象那里得到的典型问题表现或者说学习中的典型问题。这样，我的论文主体就分为三个部分，序曲＋四个主要对象的故事＋总结。我打算用表格的形式把三部分的内在关联表示出来，序曲中提到的问题和后面部分是互相对应和逐步深化的。最后落脚到那幅学习框架图上。

我还突然意识到一个非常重要的问题：在文献里，我只是做了新手教师、实践共同体，有关学习的部分，只是用参与隐喻点缀了一下，根本没有专门做"学习"的文献！它是我研究的主体词和研究现象，但我没有进行深入梳理。最起码我应该做做有关学习分类的文献，看看大家对学习、学到了什么有哪些分类，这样，才能和把新手教师的学习结果分为教的知识、理解教的意义、把握在教的自我，进行比较对照。

另外，我究竟为什么要用新手教师的"学习"？为什么不说成长、专业发展、发展？这要不要体现在论文里？或者以后被问到为什么，我要能给出合理的回答，需要考虑一下。

老师的"实践性知识课题"结题报告写了一部分了，等其他人的都交上来后，再继续吧。希望慢慢进入状态。

[附上我的论文初稿目录跟最终稿目录的对比，以让读者清楚看到修改的结果。]

"新手教师在学校实践共同体中的学习"两稿目录对比

第一稿目录	终稿目录
	第一部分　研究的基础
第一章　研究的基础——导论	**第一章　导论**
第一节　研究的意义和背景	第一节　研究的背景
一、研究新手教师的意义	第二节　文献评述和研究的探索空间
二、成人的学习	一、有关新手教师的研究文献综述

续表

第一稿目录	终稿目录
三、于"我"的研究意义 四、研究现象的逐步聚焦 第二节　文献评述和本研究的探索空间 一、有关新手教师的研究文献综述 二、情境学习理论和学习的参与隐喻 三、实践共同体理论及本研究的探索空间	二、从情境学习理论审视新手教师的学习 三、实践共同体理论 四、本研究的探索空间 第三节　研究的目的
第二章　研究的设计——开始 第一节　研究问题的澄清 第二节　重要概念的界定 第三节　参与和固化的再分析 第四节　研究框架的呈现分析 第五节　研究的预期目的和创新	**第二章　研究设计与研究的实施** 第一节　研究问题和分析框架 一、研究问题的澄清和重要概念的界定 二、研究的分析框架 第二节　研究的实施 一、研究学校和研究对象的选取 二、研究方法的选择 三、研究资料的收集和分析 第三节　成文方式和论文结构
	第二部分　研究发现（上）
第三章　研究的过程 第一节　研究方法的选择 质性研究方法 三维叙事探究空间 第二节　研究学校和研究对象的选取 第三节　资料的收集和分析 研究资料的收集工作 资料的分析 第四节　成文方式和论文结构	**第三章　新手教师的学习之：田野的故事** 第一节　田野及其所在的实践共同体 第二节　在实践共同体中学习的图景 一、在教研组中得到支持：公开课上的亮相 二、摸索教学风格与反思师生关系："麻辣烫"的追求 三、重新认识"为人师"的内涵和意义：读书会上的收获故事小结
第四章　序曲——交代几个典型问题 第一节、学校作为实践共同体 第二节、经验，经验，经验！ 第三节、澄清问题：难点	**第四章　新手教师的学习之：于萍萍的故事** 第一节　于萍萍及其所在的实践共同体 第二节　在实践共同体中学习的图景

续表

第一稿目录	终稿目录
第四节 处理关系：挑战 第五节 启导和启导的传承	一、在语文教研团队中成长：找到归属和慢慢"上道" 二、对自我的反思：用日记固化参与 三、处理与家长的关系：成立家委会的努力 故事小结
第五章 新手教师的学习之：田野的故事 公开课上的亮相：教研组的支持 川菜与麻辣烫：反思自己的教学风格 师傅的告诫：师生关系的困惑 读书会上的收获：第三条道路、爱和柔软的心 本章小结	**第五章 新手教师的学习之：王凌波的故事** 第一节 王凌波及其所在的实践共同体 第二节 在实践共同体中学习的图景 一、学着管理班级：在领导和家长之间的夹缝中生存 二、师傅的启导方式：出声思维和"我们" 三、对自我的把握：研究生身份的定位和"知识分子"的困惑 故事小结 研究发现（上）小结 **第三部分 研究发现（下）**
第六章 新手教师的学习之：于萍萍的故事 一个都不能少：在语文教研团队中成长 凉白开的变化：学习与上道 反思日记：参与中的固化 家长最难处：家委会中的努力 本章小结	**第六章 参与到学校实践共同体中学习** 第一节 新手教师参与其中的实践共同体 第二节 新手教师在实践共同体中的参与和固化 一、在实践共同体中"合法的边缘性参与（LPP）" 二、在参与和固化中学习 第三节 新手教师与学校实践共同体的关系 一、实践共同体中的"共舞"伙伴 二、实践共同体中的分布式认知 三、实践共同体内惯习与常规的动摇

第一稿目录	终稿目录
第七章　新手教师的学习之：王凌波的故事 在领导和家长之间的夹缝中生存：学着管理班级 如果我是你：师傅的启导 我是学校唯一的研究生：学历标签下的身份认同 小学老师是知识分子吗？ 本章小结	**第七章　学习如何教的知识和技能** 第一节　在教中学习教 一、从"模仿"中习得具体的教学技能与策略 二、在"磨课"中掌握教学的具体知识和技能 三、在复杂的三向空间内斡旋 第二节　填补"空的中间层" 一、"空的中间层" 二、避免"行而不知"的模仿 第三节　在学习教的过程中反思 一、通过反思经验学习 二、行动中反思的层级
第八章　新手教师的学习之：李娜的故事 我真的很拼：初学者的姿态 一层层地扒皮：初学者的机会 心理咨询室的收获：教育方式的变化和自我提醒 本章小结	**第八章　领悟与理解教的意义** 第一节　体会教师工作的价值 第二节　学习"形而上"的内容 一、何为"形而上"的内容 二、利用"镜道"习得形而上内容 第三节　对三向问题空间的深入理解 第四节　填补由知到行的"中间层" 一、信奉理论与信念的区分 二、让学习触及到"使命感"层次
第九章　新手教师的学习——问题总结与学习模型建构 学习的典型图 复杂的三向问题空间 知与行的断裂和"空的中间层" 隐喻与自我反思 新人对实践共同体的贡献 构建新手教师学习模型	**第九章　把握和定位在教的自我** 第一节　我是谁？ 第二节　寻找自我的定位 一、在了解自我的基础上进行定位 二、把自我放到更广阔的社会层面 第三节　通过反思把握自我 一、双路径学习中的反思 二、通过隐喻反思自我 研究发现（下）小结

续表

第一稿目录	终稿目录
	第四部分 研究结论与研究反思
第十章 总结与反思	**第十章 研究结论与研究建议**
研究的结论与启示	第一节 研究的基本结论
对研究结论的反思	第二节 结论的深入讨论
研究的效度以及研究伦理的讨论	一、参与和固化中的知识转换与创新
	二、LPP 学习过程的润滑与加速
	三、实践共同体作用于三类学习的方式
	结语
	第三节 基于研究的建议
第十一章 研究的后序——跋文	**第十一章 研究反思**
超越零起点：新手教师的实践性知识分析	第一节 研究的效度及研究伦理
研究者的边缘性参与	一、研究的效度问题
	二、研究的推广性问题
	三、有关研究伦理的讨论
	第二节 对研究不足的反思
	一、反思"学校作为实践共同体"的研究假设
	二、对研究中的"学习"概念和"学生"的反思
	三、对教师个体因素的考虑
	四、教师的学科知识
	跋、研究者的边缘性参与过程

十二、纪念即将过去的 2009

这篇备忘录挺有意思，先从春晚小品切入，然后是一番岁月如流水的感慨。这是 2009 年的最后一篇备忘录，写完这个，距离毕业也就半年时间了。

这个 12 月，只感觉时间过得太快，仿佛刚刚看完小沈阳的《不差钱》，光影音像还那么清晰地留在脑海里，竟然又要看春晚了！从什么时候这个年来得这么匆忙了！小的时候都是掐着指头天天盼过年，而今竟然是害怕过年，一眨眼的功夫又要过年！真是逝者如斯夫！

或许只有真正懂事真正做事了，才知道时间的不够用吧，小时候知道什么呢？无忧无虑的小孩长大了、知道的多了，有忧有虑才可能称得上真正的生活吧。虽然有时厌倦，有时苦闷，有时心酸，但很多时候都是自寻烦恼，都是由于自己无法调节，没有别的办法，只能让自己的内心强大起来，同时说服自己：这是真正的生活，酸甜苦辣咸五味俱全才是真正的生活。人不可能总是想要什么就有什么，想快乐就会一直快乐的。

新的一年要做什么呢？我想在临回家前预答辩……否则放得太久，都生了。我都不记得多久没有想过论文的事情了。很久了，我都把它忘了。我是个喜新厌旧的家伙。

以上算是给这次汇报戴个帽子，下面是最近写的、读过的书，以此纪念即将永别的 2009……

（一）涂尔干

12月3日，读了涂尔干[1]，发现有很多闪光点可以拿来用，尤其是放在凌波的案例里，分析她的矛盾：给学生自由但造成了散漫；教师权威问题；知与行的问题。还有涂尔干对"我们"和"我"的论述：在说"我们"而不是"我"时，总有一种快乐在里面，因为任何一个能够说我们的人都会感到，他身后有一种支持，一种他可以依凭的力量，一种比孤立的个人所依凭的力量更强有力的力量。我们更有把握、更加坚定地说我们，这样的快乐也会随之增长（书中176页）。

其实教师的权威问题很棘手，关键在于如何把握一个度，教师不能抛弃必要的权威。在当今到处呼吁民主、尊重，到处宣传孩子是我们的老师，宣扬教师也是可错的大环境下，教师自己保持一颗清醒的头脑是必要的，否则，在所有人包括家长都可以质疑教师自身的情况下，教师如何能守住自己的知识、行为、道德方面的正当优势，面对那些未成年的学生呢？我认为韩愈的《师说》其实对我们现在这个时代也有警醒之效。我们动不动就爱走极端，我承认我是个有些传统的人，我认为教师必须有权威、建立自己的权威，建立让学生不容置疑的东西，而这个权威应该像涂尔干说的，本质上不是来自教师自身，而是教师所代表的或者所信奉、传达的"社会规则、规范"，教师自己也是这个权威的信服者。但同时，他又有和学生商榷之的自由，不被它所框定，真正的权威不是压制人的，而是要人自由和负责任地尊重的。

（二）《实践创造实践》[2]

12月9日，读书课上大家一起读《实践创造实践》。在后面的讨

1　涂尔干.道德教育[M].陈光金，等，译.上海：上海人民出版社.2006.07.

2　Deborah P. Britzman. *Practice Makes Practice: A Critical Study of Learning to Teach* (Revised Edition)，State University of New York Press.2003.

论部分有些好观点。虽然作者没有就"实践"这个如此关键的词做出明确阐释，陈老师的理解是，这种实践不单单是经验、不单单是普通意义上的做，而是含有理论化的意思，教师的任何实践都需要进行理论化，一种批判性的反思。这是一种反思性建构的与亲历经验的对话，所以也重新定义了理论，教师变成了建构理论的主体，即实践性知识。他们参与社会实践，并与自己的社会实践建立联系，每日浑浑噩噩、不知自己所做、不思自己所为的教师肯定不会是个好老师。

书中提到，要破除人们观念中经验造就教师的迷思，经验本身是不能造就一个好教师的，它需要理论化，需要与社会实践建立联结，需要破除三个迷思：一切取决于教师、教师是专家、教师靠个人努力获得成功。

这三种迷思对实习教师而言往往是阻碍性的。比如，认为教师应该是知识权威，这一点让实习教师恐慌：我永远不会觉得自己足够多知，所以会慌张，希望别人来帮助自己，教给自己一些有用的教学方法、学习方法，使自己在学生面前也会显得知识渊博、技巧娴熟，以此来寻求确定性。（杜威论确定性要放在我的论文里吗？即新手教师对确定性的寻求——我们都要坦然面对和接受不确定性。）而这些东西只有真正投身到实践、投身到共同解释和建构知识的过程中才能真正拥有它。但是实习教师太过焦虑慌张，祈求确定的具体方法，不敢把自己放到不确定的危险境地，他们害怕学生或者同事质疑自己的能力、质疑自己的合法地位，所以寻求控制。

但在寻求控制的路途上，他们又容易在暴君和同志、朋友之间摇摆。他们怀揣理想，要改造传统，要给学生民主和自由，但往往发现这样放手，学生太乱，超越了学生的权限，他于是又成了暴君——怎么做都不行，产生了挫败。

这跟我研究的新教师凌波的经历多么相似！

（三）《经验学习》[1]

12 月 10 日，开始读复印的《经验学习》，应该对我的学习有些用。它从勒温、杜威和皮亚杰那里为经验学习寻找理论基础和支持，并勾勒了三个人的经验学习观点，总结了经验学习的四个特征：

p26-38　学习最好被视为一种过程，而非用结果术语来表述；学习是基于经验的持续过程；学习过程需要解决适应世界的各种模式中的矛盾；学习是适应世界的一个整体过程；学习包括个体与环境之间的交易（transaction，而非 interaction）；学习是创造知识的过程。

书中给学习的定义：

p38　学习是一种过程，通过经验的改造创造知识。这个定义强调了几个从经验角度批判学习过程的视角。首先，强调了从过程角度看适应和学习，而不是从内容或者结果；二，知识是一种改造的过程，持续创造和再创造，而不是一种独立于获得或者传送的实体；三，学习改造了经验，既在客观也在主观意义上；最后，为了理解学习，我们必须理解知识的本质，反之亦然。

可惜还没读完，就放年假回家了。回来之后没有继续，见异思迁，拿起刚刚复印的《How We Learn》开始读。这期间，听陈老师导读了《圣人无意》，非常喜欢，似乎找到了以前读美文时的"咀嚼"之感——我有多久没有这么咀嚼过一本书了？又买来读。可是，感觉自己似乎静不下心来沉浸在一本书里，跳读、扫读、追求速度、追求效率……

2009 年的最后一天，我用导读的方式结束，仿佛很有意义。我喜欢这个方式。但怎么做点纪念呢？我的 2009，发生了那么多事……但也只能说再见了。

1　Kolb, D. A. *Experiential learning: Experience as the Source of Learning and Development*. Prentice-Hall. 1984.

十三、预答辩后的思考

2009 年写完最后一篇备忘录后，4 个月转瞬即逝，尤其是有个放松的年假在里面。论文搁置一段时间之后回到学校再看它，又有些新鲜感，同时又看出不少问题，所以每天过得都非常充实：反复修改润色论文，一字一句地推敲。终于到了 2010 年 4 月 1 日，参加了博士论文预答辩。虽然正赶上愚人节这个捉弄人取乐的日子，但在预答辩现场的我们，得到的是满满的收获。

2010 年 4 月 1 日，又是个很重要的大日子——博士论文预答辩。

预答辩很顺利，五位答辩老师都提出了特别好的建议，也肯定了论文的优点。做了特别详细的记录，就不放在月总结里了，只放上后面的讨论，以及我趁答辩热乎劲儿还没过集中思考的几个问题：

揭示隐性的东西怎样在共同体中变得显性，又内化为个体自动的行为，继而成为共同体的隐性的东西。描述出学习的轨迹。

学习是新手"脱新"的过程，是认同与被认同的过程，是单位身份的认同、单位人的认同、职业生涯的认同。或许，学校本身是很挑剔的，组织认同可能比专业认同更甚，即被那群人接纳。单位文化的认同与再造，表现在个体的知识体系方面与生活方式方面。如：（田野）对"麻辣烫"的追求一方面来自他的性格、个体认同，但同时也按照学校标准进行了再造，学校并不接纳或者认同这种"麻辣烫"的风格。

下一步思考的方向：

（1）鉴于文中三个成长案例均反映了具有中国特色的师徒制在帮

助新手教师迅速成长中的作用，建议在理论中进一步聚焦到"师徒制"，讨论"师徒制"如何缩短了其合法的边缘性参与过程。并在此基础上修正温格的 LPP 理论结构，实现理论创新。即，LPP 过程如何能够由原来的自然演变状态，到经由师徒制、师傅的介入而实现加速。——我想在这方面，需要做两个工作，第一，还是对边缘再做界定。它并非一个贬义的词，但是也并非一个充满希望的"状态"，它的模糊性或者模棱两可性让我的研究有了很大的空间。既然是合法的、正当的，既然是往中心位移，那谁来加速、怎么加速这个位移的过程，对帮助新教师成长是有意义的。这就使我的研究有了现实意义。揭示这个加速过程是我的第二个重要工作。

（2）进一步思考不同共同体文化差异对新手教师学习的影响。不同的共同体如何影响到新手教师的学习重点、内容和方式，共同体文化与新手教师个人信念的碰撞等，以揭示新手教师怎样在这些张力中实现个人成长。

如在哪一类共同体中更有助于某一类的学习？师徒制共同体里师傅的"言传身教"，是不是更有助于新手习得教学知识，但又有榜样的作用？这属于对教的内涵的理解。

——这些我论文里都有，如镜道的方式让新手反观自身，模仿则是行为方面。但是我没有做更高的提升，还是在一个平面上打转。如陈老师所言，被自己的模型框住了。自以为建构了一个模型就是提升总结了。但模型没有前面的东西也可以建构出来，这一点最致命。如何体现我研究的本土特色？不要丢掉研究中出色的概念与观点，要把它放到结论中，以支持我的提升与抽象出来的东西。

再如什么样的体制、学校文化、制度，什么样的共同体管理方式和运作方式会使学习更容易？学校的挑剔、认同与再造对新人的影响。

（3）进一步考虑学科的认同和学校的认同与接纳对新手教师学习与成长的影响。高中与小学，教师的学习重点会有不同吗？高中更注重教学专长吗？小学因为知识程度的原因，可能更加注重技能、人际交流、关系？

　　——这是出自年级的考虑。而学科认同对所有新手而言都是非常重要的，我所接触到的老师都是按照学科聚集的，同年级的认同就不那么强。这一点要怎么显示，我还没有很明白。

　　（4）在研究结果探讨中进一步揭示新手教师学习过程中实质上发生了什么样的转变，解读转变的"质"的含义。他们上道的起点在哪里？这里会有学校文化、单位文化与个体认同间的博弈。文化的再造，个体的认同。

　　知与行的层次图没有必要，重要的是，它们是如何体现在每一个学习中的，有什么机制可以让新手教师去解决这个问题。这一点可以和前面结合：有什么方式可以促进或更适合每一种学习内容，然后讨论其中的知行问题。

　　（5）充分挖掘文中的本土概念，但也要注意，概念要精致。如"隐喻"部分，不要罗列，而要细化和精致化呈现。构建体现本土性智慧的概念模型。

　　这样，论文的结论就不是建构模型，没有停留在原来的层面上。而是，一方面提高到学校文化、组织层面，看什么体制更能促进学习。包括什么样的师徒制模式、教研组认同方式，被"那群人"接纳与自我的认同和变化之间的动力。期间，或许从知识转移的角度谈有一定的新意。看组织（学校、教研组、师傅）的知识（更多表现为隐性知识）是如何被个体感知、显性化，再被个体自动化、隐性化。

　　——我可以借鉴野中郁次郎的观点。其观点早就读过，比如2007年在导读陈美玉的知识管理书中就看到过，社会化、外化、组合化、内化。但是如何用？怎么用好？需要我下功夫。这是大的视角。

　　另一方面，细化到三个学习内容，从什么出发点学、怎么学、哪种方式更适应这种学。期间，师徒制和LPP是重点。而每一种学习又该注意什么，会不会因为年级的不同，造成了新手学习的重点不同？把教学专长的东西放进来。

如果要突出中国特色，还可以对师徒制的特色，如道德作用、做人方面的楷模等进行深入挖掘。因此也将合法的边缘性参与，在加快速度的同时增加了中国特色。

我要再仔细考虑一下，怎么整合、怎么措辞与布局。除了结论，前面的东西要不要改呢？还需要仔细斟酌。

[附上前面反复提到的新手教师学习的模型，即"新手教师学习流程图"，它被放在博士论文的"研究发现"部分。   ]

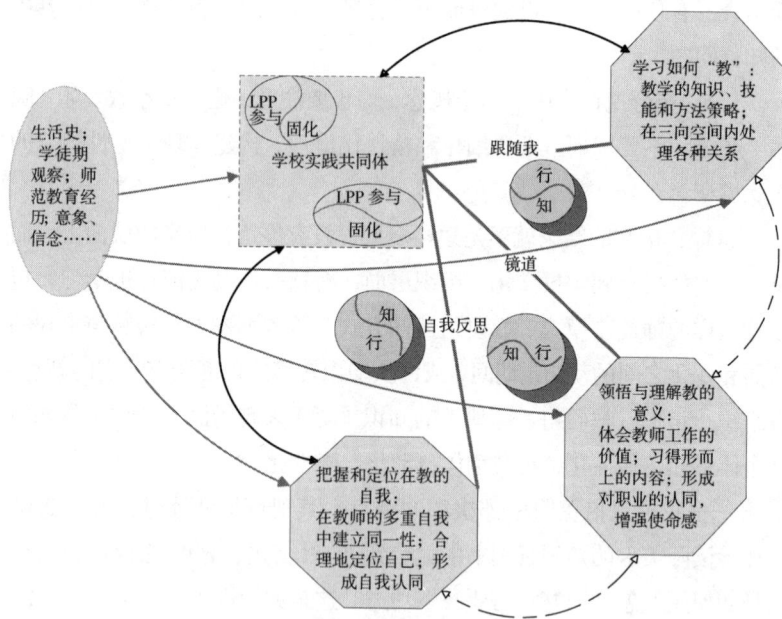

图7 新手教师学习的简化流程图

十四、我的博士论文答辩申请书

2010 年 5 月 24 日，在修改数稿之后，终于提交了正式的博士论文答辩申请书。6 月 9 日上午是我博士学位答辩会的时间。我还记得在答辩前一天，都已经给几位答辩评委送去了打印版本，又修改了一下篇首第一段话，感觉特别出彩必须要放上，索性单独打印出这一页，从各评委老师办公室的门缝塞了进去，这样第二天答辩时他们拿到的就是最新版了。不过，你什么时候都不会觉得写出来的是最新最完美的版本，好文不厌百回改。

所以，这部分内容感觉太重了，也要到本书的结尾了，从备忘录走到了博士帽，旅途要结束了。什么文字都显得苍白无力，就放上一个对我具有划时代意义的表格吧——我的博士论文答辩申请书，以此纪念。也送给当年乖乖待在我肚子里跟着我一起参加答辩的那个"小宝贝"。

北京大学博士学位论文答辩申请书

（此表由博士研究生本人填写，一式两份。一份存学校档案，一份存研究生个人档案）

姓　名：王红艳　　　　　　　　专　业：教育学原理
学　号：10667802　　　　　　研究方向：课程与教师教育
院、系：教育学院、教育与人类发展系　　导师姓名：陈向明

学位论文题目：新手教师在学校实践共同体中的学习
学位论文答辩申请书（简明扼要地介绍博士学位论文的创新性，主要科研工作及成果等。不用标题。）

　　本研究以情境学习理论和实践共同体理论为基础，主要运用质性研究方法，从"参与"隐喻入手透视新手教师在学校实践共同体中的学习。其创新表现在四处，一是不再局限于单方面讨论学校/教师教育界对新手教师的作用，而是从吉登斯结构二重性的视角来看待新手与学校的关系，新手教师对学校实践共同体的参与，是一个双向和双赢的过程；第二点是，研究从学习的参与隐喻出发，结合情境学习理论和成人教育视角，为新手教师的学习和成长增强了现实意义；第三，学校作为实践共同体，教师作为反思性实践者，这一对"研究假设"，是研究的一大亮点，让它有别于其他对新手教师的研究，或者说，使它比现有的研究站到了一个更综合的层面之上。新手教师就是通过对实践的参与和在实践中的反思不断地学习和成长起来的，长成一棵真正的"教师之树"；就细节性的分析而言，本研究还有一个创新，那就是为新手教师的学习划分出了层次，从知与行统一的角度讨论了他们在学习过程中遇到的问题以及应该注意的地方，以此来衡量他们学习的层次。学习的知行统一不仅对新手教师有启发意义，对我们每一个人来说，都是值得思考的问题。

　　本人在读博期间，参与了导师陈向明教授主持的北京市教育科学重点课题"教师实践性知识"（课题批准号 AIA06135）的研究，并承担主要工作，如课题联络人、结题报告主要撰稿人。期间在《全球教育展望》《教育学术月刊》《当代教育科学》等国内核心期刊发表了十几篇学术论文，并到北师大、东北师大、澳门师大等高校参与了数次国际研讨会，提交并宣读论文。以博士论文为依托的课题获得"联校教社医研究论文奖计划"2009—2010 年度二级课题资助。总之，通过博士期间的努力学习，无论从学术素养、知识积累还是在研究方法的把握和运用上，都得到了根本的提升和发展。

　　本人在北京大学已按学校规定的培养方案完成课程学习和博士学位论文，现申请北京大学　教育　学博士学位论文答辩，请予以审查批准。

签字：

2010 年 05 月 24 日

后 记

从北大博士毕业十年了，如果从跨入北大校门开始算起，白驹过隙，十四年光阴荏苒，生命中人来人往，但总有那些人常在身边，一生为伴。

谨以此书献给我的博士生导师、硕士生导师，两位恩师。

虽然在书里写了很多有关陈老师的文字，但无论多少方块字，都不足以盛放我的谢意和敬意。记得刚刚毕业时，很多人听到我的师承时都会发出感叹："哦，你是陈向明老师的博士啊！"可毕业数年也没有做出让导师欣慰的成绩，时间长了自己都不好意思提及这个身份了，害怕有人的反应是"这是陈老师的博士？！"唯有自己也好好做一名导师，做一个终身学习之人，即便达不到多么高的水平，但能够心安、对得起肩上的那份责任，也不枉身为"陈家军"的一员吧！所以，高山安可仰，徒此揖清芬，谨以此书献给我亲爱的陈老师。

然后献给我的硕士生导师魏薇老师。写这段文字时，因为讨论小教系课例研究的事宜，魏老师发给我一段话："我觉得你会有一个系统的爆发期的！"正是有了魏老师这么多年在背后的支持、信任和督促，才有了今天的我！从 2000 年结缘，由师生到同事，亦师亦友，更准确地说，魏老师像我的长辈、家人，包容了年轻时不懂礼节没有礼貌轻狂散漫的我，不嫌弃不放弃，经常在我懈怠时从背后推一把，边推边拉，让我走到了现在。感谢您，魏老师！

还想将此书送给我的挚爱，我的掌上明珠，京京。博士论文答辩时，她还只有蚕豆大小，现在已经是身高一米四多的四年级学生了，我在敲这段文字时，她正在身边写作文。一会儿问我一个字，一会儿起来喝口水，刚刚坐下来又商量休息一下好不好……这小东西是天赐的礼物，是我一生的精华，京京爸爸一直认为，我身体这么差结果生出来这么健康的孩子，是个奇迹。或许吧！但真正的奇迹是，她在我眼里，是如此可爱、如此美好，虽然我经常情绪失控责骂她，但她对我的爱丝毫不减，时刻准备着卖萌逗我笑、给我力量，什么样的文字也不足以表达我的爱意，你是我一切的动力，宝贝，妈妈爱你！

要感谢的人太多了，北京大学"陈家军"的兄弟姐妹，以及给予我指导和帮助的老师们，山师大教育学部给予我支持的领导和同事朋友们，在身后默默爱我惦记我的家人……

无以为报，只有更好地生活、学习、工作！感谢重庆大学出版社的雷少波总编和林佳木编辑，尤其是耐心给我建议并数次改稿的林编辑，没有他们，就没有这本书的出版。

本书的出版得到山东师范大学教育学部"教育学一流学科"资助，特别致谢。